Lars

Dagmar Seifert

Das Peanuts-Kochbuch

Dagmar Seifert

Das Peanuts-

Die Lieblingsrezepte von Charlie Brown und seinen Freunden

KOSMOS

Kochbuch

Abkürzungen

EL = Esslöffel
TL = Teelöffel
l = Liter
ml = Milliliter
kg = Kilogramm
g = Gramm
cm = Zentimeter

Sofern nicht anders angegeben, sind alle Rezepte für 4 Personen berechnet.

Umschlaggestaltung von eStudio Calamar unter Verwendung von Motiven von Charles M. Schulz.

Bibliografische Information der Deutschen Nationalbibliothek
Die Deutsche Nationalbibliothek verzeichnet diese Publikation
in der Deutschen Nationalbibliografie; detaillierte bibliografische Daten
sind im Internet über http://www.ddb.de abrufbar.

Gedruckt auf chlorfrei gebleichtem Papier.

ISBN 978-3-440-11080-5
Layout: Wolfgang Heinzel
Satz: Anna Jansen
Produktion: Eva Schmidt
Printed in The Czech Republic / Imprimé en République Tchèque

Inhalt

Vorwort

Als ich einer Freundin erzählte, dass ich an einem Kochbuch mit typisch amerikanischen Rezepten arbeite, sagte sie:
»Typisch amerikanisch? Du meinst, alles kommt aus der Büchse und geht ganz schnell?«
Sie wollte gar nicht gemein sein, dieses Vorurteil ist weit verbreitet. Aber es handelt sich hier um eine Diskriminierung der amerikanischen Köche. Viele von ihnen (jedenfalls etliche, die ich kenne) kochen ausgezeichnet und gekonnt, und das wichtigste Gerät in ihrer Küche ist keineswegs der Dosenöffner. Gut, der arme Snoopy bekommt sein Futter hauptsächlich aus der Dose – jedoch nicht immer, wie wir noch sehen werden.
Es gibt eine gute amerikanische Küche, wirklich.
Die meisten Rezepte in diesem Buch stammen dorther.
Dass drollige Sachen dabei sind, wie zum Beispiel das Erdnussbutter-Sandwich, liegt am Geschmack der Peanuts. Um deren Lieblingsgerichte handelt es sich schließlich.
Naja, oder so antike Sachen wie Grape Jelly – daran sind Snoopys historische Phantasien schuld.
Außerdem habe ich mich, den Peanuts zu Ehren, bemüht, möglichst viele Erdnussgerichte zu finden. Das war nicht besonders schwierig, in Amerika wird häufig mit Peanuts gekocht …

Ich möchte mich ganz herzlich bei allen bedanken, die mir geholfen haben, original amerikanische Rezepte zusammenzutragen. Besonderer Dank gilt Rob und Manuela Heinja (sowie Robs weiblicher Verwandtschaft), Inge »Granny« Kähler, Dottie Cox, Bob McCoy und Virginia Sherwin.

DA SPRANG DER KLEINE JUNGE MIT DEM HUND ÜBERN ZAUN..
MUSST DU STÄNDIG QUASSELN?
MUSST DU IMMER SO VIEL LÄRM MACHEN?
SCHMIER ICH DIR ZU LAUT?
www.snoopy.com
PIB Copenhagen
8-5
6744
© 1998 United Feature Syndicate, Inc.
SCHULZ
HAPPY BIRTHDAY, AMY—

Das Frühstück hat in Amerika eine andere Bedeutung als bei uns. Wir sind oft mit einem Honigbrötchen zufrieden, weil es ja mittags etwas Reelles geben wird.

SNACKS

Bei den Peanuts muss die Strecke bis zur abendlichen Hauptmahlzeit mit Waffeln, Pfannkuchen oder Cheeseburgern überbrückt werden. Kein Wunder, dass dieses Volk den »Snack« erfunden hat, den kleinen Happen, der hilft, sich bis zum Dinner durchzunaschen. In manchen Fällen wird sogar das Dinner weggelassen und man snackt sich bis zum Morgengrauen durch.

Waffeln mit Blaubeercreme

Natürlich kommt es darauf an, was für eine Art Waffel der junge Künstler zu sich genommen hat. Und ob es tatsächlich nur eine einzige war. Falls er sich an diesen hier gelabt haben sollte, ist er nicht wirklich bedauernswert.
Wenn Sie Blaubeeren auf dem Markt bekommen, ist das optimal, aber das ist ja leider nicht das ganze Jahr über möglich. In guten Supermärkten können Sie tiefgefrorene Blaubeeren kaufen, die nach dem Auftauen vielleicht nicht ganz so attraktiv sind wie frische, doch genauso aromatisch.

Waffles with Blueberrycream

Für den Waffelteig: 4 Eier · 200 g Butter
1 Prise Salz · 60 g Zucker · 200 g Mehl
2 TL Backpulver · 250 g Buttermilch
Für die Blaubeercreme: 200 g Frischkäse
60 g Sahne · 1 Messerspitze Vanillepulver
80 g Puderzucker · 250 g Blaubeeren
Außerdem: Öl für das Waffeleisen

1. Die Eier in Eiweiß und Eigelb trennen. Butter, Salz, Eigelb und Zucker in einer Schüssel gut miteinander verrühren.

2. Das Mehl mit dem Backpulver mischen und nach und nach in den Teig rühren. Die Buttermilch hinzufügen.

3. Das Eiweiß steif schlagen und den Eischnee unter den Teig heben. Das Waffeleisen vorheizen.

4. Frischkäse, Sahne, Vanillepulver und Puderzucker mit dem Handrührgerät zu einer weichen Creme schlagen.

5. Die Blaubeeren waschen. Mit sanfter Hand unter die Creme ziehen, ohne sie zu zerquetschen.

6. Das Waffeleisen mit Öl einfetten. 2-3 Esslöffel Teig einfüllen und goldbraun backen.

7. Die fertigen Waffeln mit der Blaubeercreme bestreichen.

Tipp: Es ist praktisch, beim Waffelnbacken ein Tässchen Öl und einen Pinsel zum Einfetten zu benutzen sowie Küchenpapier, um das Waffeleisen zwischendurch von Teigresten zu säubern.

Traubengelee

Snoopy treibt sich nicht nur im Ersten Weltkrieg herum, er nimmt auch mal am Unabhängigkeitskrieg teil, Schulter an Schulter mit dem jungen General Washington.

Damals gab es noch keinen Supermarkt, in dem ein tapferer Soldat sich sein Glas Grape Jelly kaufen konnte. So was wurde zu Hause gekocht und an die Front geschafft. Oder auch nicht.

Hier ist ein Rezept aus uralten Zeiten zur Herstellung von Traubengelee. Es stammt von einer alten Dame aus Ontario, die es vor vielen Jahrzehnten handschriftlich bekommen hat von der Urgroßmutter einer Freundin aus Ohio.

Ich würde niemandem raten, es einfach aus im Supermarkt gekauften Trauben zu bereiten. Ich fürchte, dann müsste die Zutatenliste um »Insektenvernichtungsmittel« erweitert werden, denn das gesamte Stängelwerk der Trauben muss mitverarbeitet werden, da es, laut Uroma aus Ohio, einen Grundstoff besitzt, der - erhitzt - den Geliereffekt herbeiführt.

Falls Sie jedoch Ihre eigenen, ungespritzten Trauben im Garten haben oder auf andere Weise an ökologisch unbedenkliche Weinbeeren kommen, können Sie es ja mal versuchen ...

Grape Jelly

Weintrauben · Zucker

1. Die Weintrauben waschen, jedoch nicht von den Stängeln befreien.
2. Die Weintrauben tropfnass in einen großen Kochtopf setzen.
3. Ohne die weitere Zugabe von Wasser aufkochen. Bei milder Hitze etwa 15 Minuten köcheln lassen.

4. Die Trauben in ein Leinentuch geben und den Traubensaft in einen Topf pressen.
5. 3 Teile Zucker in 2 Teile Saft geben und Traubensaft und Zucker etwa 1 Minute aufkochen.
6. Die Flüssigkeit in Einmachgläser füllen und darauf vertrauen, dass sie geliert.

Erdnussbutter-Sandwich

In Wirklichkeit heißt das Gericht mit vollem Namen: ERDNUSSBUTTER-JOHANNISBEERGELEE-SANDWICH. Ich befürchtete aber, Sie zu sehr zu schockieren, wenn es so im Rezeptverzeichnis steht. Außerdem war die Seite zu kurz für diese Überschrift...

Hinzufügen möchte ich noch, dass wir in Deutschland überhaupt nicht »Erdnussbutter« zur Erdnussbutter sagen dürfen. Wir müssen sie, laut Gesetz, Erdnusscreme rufen, da sie mit Butter nichts zu tun hat. Alles, was Recht ist.

Zunächst mal klingt die Zusammenstellung natürlich für unsere sauerkrautgestählten Geschmacksnerven unglaublich. Wer multikulturell und mutig ist, probiert es trotzdem einmal.

Alle kleinen Peanuts sind mit diesem Pausenbrot großgepäppelt worden, das Mom ihnen in die Butterbrottüte gepackt hat.

Freiwillige nach vorn!

Peanutbutter-Jelly-Sandwich

8 Scheiben Kastenweißbrot

60 g Erdnusscreme · 50 g gekauftes Johannisbeergelee – oder wollten Sie für diesen Zweck extra welches anfertigen?

1. Das Kastenweißbrot dick mit Erdnusscreme bestreichen.
2. Auf vier der mit Erdnusscreme bestrichenen Brotscheiben zusätzlich das Johannisbeergelee geben.

3. Die vier anderen Scheiben darauf legen. Jedes Sandwich von Ecke zu Ecke durchschneiden, sodass Dreiecke entstehen.

Tipp: Statt Johannisbeergelee kommt jede andere Art von süßer oder süßsäuerlicher Marmelade in Frage.

Erdnussburger

Hamburger sind einfach ideal für Picknicks, egal, ob es sich um lauschige Vollmondpartys oder um markige Pfadfindertreffen handelt. Und gleichgültig, ob Sie die Ärmel hochkrempeln, um am Lagerfeuer den Hackklops zu grillen und die auf ein Stöckchen gespießten Brötchenhälften anzutoasten – oder ob Sie nur mit anmutiger Geste die Pappschachtel öffnen, in welcher der fertige Burger seines Schicksals harrt.

Peanutburger

50 ml Olivenöl · 50 ml Sojasauce
1 Knoblauchzehe, durchgepresst
250 g Schweinefilet · 4-5 grüne, kernlose Oliven · 80 g ungesalzene Erdnüsse, grob gemahlen · 60 g Maiskörner · 2 EL Mayonnaise · 1/4 Salatgurke · 4 Burgerbrötchen
4 große Blätter Kopfsalat · Öl zum Anbraten

1. Aus Öl, Sojasauce und der Knoblauchzehe eine Marinade rühren und in eine flache Schüssel gießen.
2. Das Schweinefilet waschen, trockentupfen, von Haut und Fett befreien und in 8 dünne Scheiben schneiden. Etwa 1 Stunde in die Marinade legen.
3. Die Oliven hacken. Erdnüsse, Mais, Oliven und Mayonnaise verrühren.

4. Die Salatgurke waschen und in Scheiben schneiden. Die Salatblätter waschen.
5. Etwas Öl in einer Pfanne erhitzen. Das marinierte Fleisch abtropfen lassen und in der Pfanne auf jeder Seite etwa 3 Minuten anbraten.

6. Die Burgerbrötchen aufschneiden und auf der Schnittfläche leicht toasten. Die unteren Brötchenhälften mit den Salatblättern belegen, und je zwei Stück gebratenes Filet darauf betten.
7. Das Erdnuss-Relish darauf streichen, mit Gurkenscheiben belegen und die oberen Brötchenhälften darauf klappen.

Cheeseburger

Dem Vornamen des Cheeseburgers entnehmen wir, dass er Käse beinhaltet, dem Nachnamen, dass er zu den berühmten Hamburgern gehört.
Man munkelt, das uramerikanische Ding heißt bloß deshalb nicht New Yorker oder so, weil Hamburger Seeleute im neunzehnten Jahrhundert die hohe Kunst des gebratenen Klopses importiert hätten. Das ist doch kulinar-historisch sehr interessant.
Hamburger sind etwas für den jugendlichen Gaumen, für Kinder, Peanuts oder Amerikaner eben. Ich finde es übrigens snobistisch, sie generell als unkultivierte Speise abzulehnen. Wir alle sollten hin und wieder unsere jugendlichen Momente haben und mit dem Ketchup um uns kleckern!

Cheeseburger

650 g Rinderhackfleisch · Salz
frisch gemahlener schwarzer Pfeffer
2 mittelgroße Tomaten · 1 Zwiebel
4 Scheiben Schmelzkäse
4 Sesam- oder Burgerbrötchen
4 Blätter Eisbergsalat
Ketchup und Senf · Öl zum Braten

1. Das Hackfleisch mit Salz und Pfeffer würzen, energisch durchmischen und mit nassen Händen vier flache Burger daraus formen.
2. Etwas Öl in einer Pfanne erhitzen und die Burger bei mittlerer Hitze 6-12 Minuten von beiden Seiten braten oder im Backofen grillen.
3. Währenddessen die Tomaten waschen, die Stielansätze entfernen und die Tomaten in Scheiben schneiden. Die Zwiebel schälen und in Ringe schneiden. Die Salatblätter waschen.

4. Wenn die Burger fast fertig sind, auf jeden eine Scheibe Käse legen. Der Käse sollte zu schmelzen beginnen, aber nicht davonfließen.
5. Die Burgerbrötchen aufschneiden und auf der Schnittseite toasten. Auf die unteren Brötchenhälften je ein Salatblatt legen.
6. Den Burger mit dem Käse darauf betten und obendrauf einige Tomatenscheiben und Zwiebelringe anordnen.
7. Ketchup und Senf nach Belieben darüber verteilen und dann die obere Brötchenhälfte darauf setzen.
8. Den Mund schön weit öffnen ...

Hotdog und Green Relish

Es ist schon viel Böses über das amerikanische Brot gesagt worden: Labberig, von unentschlossenem Geschmack und wischiwaschi wie Charlie Browns Charakter. Immerhin eignet sich die Konsistenz der Hamburger- und Hotdog-Brötchen hervorragend, um die Würstchen in den Würgegriff zu bekommen. Wer schon mal versucht hat, sich mit einem knackigen, knusprigen Brötchen zu einigen, weiß, wovon ich rede. An der Strandbude oder im Imbissgrill verlangt Peppermint Patty nicht nur das rote (Ketchup) und das gelbe (Senf), sondern auch das grüne Zeug. Das heißt Relish und gibt es bei uns durchaus nicht überall zu kaufen. Ich habe jedoch ein feines Rezept für Relish von einer Freundin aus Ann Arbor. Sie müssen dazu nur zwei Gürkchen meucheln. Zusammen mit dem roten und dem gelben Zeug schmeckt es unanständig gut auf Würstchen.

Hotdog

4 Bockwürstchen · 4 Hotdog-Brötchen, notfalls Baguettebrötchen · süßer Senf Ketchup · geröstete Zwiebelringe aus dem Glas

1. Die Würstchen in siedendem Wasser etwa zehn Minuten lang ziehen, aber keinesfalls kochen lassen.
2. Die Brötchen der Länge nach auf-, jedoch nicht durchschneiden.
3. Die Würstchen abtropfen lassen, in die Brötchen legen und mit Senf und Ketchup üppig bestreichen. Falls Sie kein Green Relish haben, abschließend schon Zwiebelringe darüber streuen. Aber Sie haben ja!

Green Relish

2 mittelgroße Gewürzgurken · 1 kleine Zwiebel, fein gehackt · etwas frisch geriebene Ingwerwurzel · 60 g heller Honig
1 gehäufter EL brauner Zucker · Salz
2 EL Frischkäse

Die Gurken aus dem Glas angeln und pürieren. In einem Sieb gut abtropfen lassen. Mit den anderen Zutaten verrühren.

MIST! ICH HAB MIR GRAD TRAUBENGELEE AUFS HEMD GESCHMIERT!
IM MATHE-UNTERRICHT?
1-8
© 1996 United Feature Syndicate, Inc.
SCHULZ
5902
PIB Copenhagen

ICH MACH DIR GLEICH DEIN FRÜHSTÜCK..
ERST MUSS ICH MEIN MÜSLI AUFESSEN, UND DANN MUSS ICH FÜR SALLY UND MICH PAUSEBROTE SCHMIEREN..
WIESO BIN ICH IN DER FRESSFOLGE GANZ HINTEN GELANDET?
PIB Copenhagen
© 1996 United Feature Syndicate, Inc.
SCHULZ
5904
1-10

Buttermilchpfannkuchen

Letztendlich können wir den uramerikanischen Pfannkuchen von seinem deutschen Kollegen geradezu grundsätzlich dadurch unterscheiden, dass er Buttermilch statt Milch enthält. Das leicht säuerliche Aroma gibt ihm etwas Erfrischendes.
Insofern ist Snoopy wieder mal völlig im Recht, wenn er bei aller aufrichtigen Konzentration aufs Baseballtraining gleichzeitig ein wenig an Pfannkuchen denkt.
Außerdem typisch für Bäckerei im Lande der Peanuts: der ungenierte Einsatz von Salz. Meist ist ja auch die amerikanische Butter kräftig gesalzen, mit deren Mithilfe dann »süße« Plätzchen oder Ähnliches entstehen.
Falls Sie nicht daran gewöhnt sind und den typisch verdutzten Gesichtsausdruck vermeiden möchten, den unsereiner bekommt, wenn er zum ersten Mal in so eine süßsalzigsäuerliche Sache beißt, nehmen Sie doch einfach weniger bis gar kein Salz ...

Buttermilk-Pancakes

3 EL Butter · 1 Riesenei (oder 2 kleine)
125 g Buttermilch · 150 g Mehl · 1/2 TL Backpulver · 1/2 TL Natron · 2 EL Zucker
1/2 TL Salz · Öl zum Backen

1. Die Butter schmelzen und etwas abkühlen lassen. Die flüssige Butter, das Ei und die Buttermilch mit einem Schneebesen oder einem Handrührgerät gründlich miteinander verrühren.
2. Mehl, Backpulver, Natron, Zucker und Salz vermischen und in die Buttermilchmasse rühren.
3. Etwas Öl in einer Pfanne erhitzen, dann den Herd auf mittlere Hitze schalten. Mit einer Schöpfkelle 2-3 Kleckse in die Pfanne setzen. Von beiden Seiten etwa 2-3 Minuten goldbraun backen. Die amerikanischen Pfannkuchen sind kleiner als

unsere und füllen nicht die ganze Pfanne aus. Dadurch lassen sie sich auch leicht umdrehen, wenn die Unterseite goldbraun ist.
4. Die fertigen Pfannkuchen warm stellen (falls Sie Ihnen nicht jemand aus der Hand reißt) und alle zusammen servieren.

Tipp: Normalerweise wird Sirup oder flüssiger Honig über die Pfannkuchen gegossen. Ein Tipp aus Minnesota: Butter und Ahornsirup schmelzen und brutzelheiß über die Pfannkuchen geben.

Pfannkuchen für Spike

Was mag so ein herzensguter Küchenbulle für Spike auf Lager gehabt haben?
Zunächst mal sollten wir davon ausgehen, dass ein Koch im Ersten Weltkrieg nicht mit Backpulver, sondern mit Natron oder, wie die Amerikaner es nennen: Soda gearbeitet hat. Vermutlich sind ihm auch noch ein paar Rosinen und etwas Zimt in die Hände geraten, um seinem Kumpel im Schützengraben einen Hauch von Heimat zu vermitteln ...

Spike's Pancakes

3 EL Butter · 1 Riesenei (oder 2 kleine)
125 g Buttermilch · 70 g Mehl
70 g feines gelbes Maismehl
1 TL Natron · 2 EL Zucker
1/2 TL Salz · 50 g Rosinen
1 Messerspitze Zimt
Öl zum Backen

1. Die Butter schmelzen und etwas abkühlen lassen. Die flüssige Butter, das Ei und die Buttermilch mit einem Schneebesen oder einem Handrührgerät gründlich miteinander verrühren.
2. Mehl, Maismehl, Natron, Zucker und Salz vermischen und unter die Buttermilchmasse mengen.

3. Die Rosinen und den Zimt hineingeben und gut verrühren.
4. Etwas Öl in einer Pfanne erhitzen, dann den Herd auf mittlere Hitze schalten. Mit einer Schöpfkelle 2-3 Kleckse Teig in die Pfanne setzen. Von beiden Seiten etwa 2-3 Minuten goldbraun backen.

Tipp: In diesem Fall sollten wir die Pfannkuchen vielleicht lieber nicht mit Ahornsirup begießen. Er würde Spike auf den Helm tropfen.

Hawaii-Toast

Hier werden wir wieder mit Snoopys nostalgischer Ader konfrontiert. Hawaii-Toast war der Hit in den 50ern und erinnert an tragbare Schallplattenspieler in Pink, an Petticoats und Träume von Partykellern und Picknicks.
Verfehlt sind natürlich Picknicks bei Schneetreiben. Der Hawaii-Toast sollte generell heiß und trocken serviert werden.

Toast Hawaii

4 Scheiben Kastenweißbrot
Butter zum Bestreichen
4 Scheiben Ananas
4 Scheiben gekochter Schinken
4 Scheiben Chesterkäse
4 Sauerkirschen

1. Den Backofen auf 250 °C vorheizen. Die Brotscheiben toasten und mit Butter bestreichen. Die Ananasscheiben abtropfen lassen.
2. Den Schinken auf die Brotscheiben legen, dann die Ananasscheiben und obenauf den Chesterkäse.
3. Im Backofen etwa 8-10 Minuten überbacken.
4. Eine einsame Kirsche in die Mitte der Käsescheibe drücken, so will es die Tradition.

Tipp: So ein antiker Toast geniert sich wahrscheinlich in unserem Jahrtausend neben flott gestylten Kanapees und Sushi-Röllchen zu Tode. Damit er nicht so allein ist: Wie wär´s mit einer fünfziger-Jahre-Party samt Salzstangenigel?

Truthahn-Sandwich

Es verwundert nicht besonders, dass Snoopy nach einem verschneiten Hawaii-Toast nicht auch noch ein verregnetes Truthahn-Sandwich zu sich nehmen möchte. Die leckersten Speisen nützen nicht viel, wenn deren Genuss vom Wetterbericht abhängt.

Zudem scheint der Hund genau zu wissen, welcher sein Teller ist. Und darüber sind ja hin und wieder sogar menschliche Gäste im Zweifel.

Es gibt übrigens die Möglichkeit, Truthahn-Sandwiches mehrstöckig zu machen und durch Zahnstocher das Gebäude zu sichern. Anschließend zieht man sie durch mit Milch geschlagene Eier und überbackt sie im Ofen.

Turkey-Sandwich

8 Scheiben Kastenweißbrot

Mayonnaise zum Bestreichen

8 Blätter Eisbergsalat · 4 dicke Scheiben geräucherte Putenbrust · 1 Tomate

1/4 Salatgurke

1. Das Weißbrot toasten und die Scheiben mit Mayonnaise bestreichen.

2. Die Salatblätter waschen, trockenschütteln und auf vier der Brote geben. Die Putenbrust auf den Salat legen.

3. Die Tomate waschen, den Stielansatz entfernen und die Tomate in Scheiben schneiden. Die Salatgurke waschen und in Scheiben schneiden. Die Tomaten- und die Gurkenscheiben auf das Fleisch setzen.

4. Eine zweite Brotscheibe darauf legen und leicht andrücken. Das Sandwich von Ecke zu Ecke durchschneiden, sodass zwei Dreiecke entstehen.

Tipp: Natürlich gibt es Leute mit Tomatenallergie oder Salatgurkenphobie. Sie sollten sich nicht scheuen, für solche Esser eingelegte Maiskölbchen oder eine Hand voll Kapern auf die Putenbrust zu streuen.

Maispfannküchlein

Diese sympathischen kleinen Teile gehören zur großen, glücklichen Familie der Tortillas. Wie breit oder dick oder winzig so ein Küchlein aussehen soll, ist Ansichtssache. Sie schmecken ebenso in solider Untertassengröße wie im Format sensibler Kartoffelchips. Besonders lecker sind sie zu Avocado-Dip (Rezept S. 34) oder Hackfleischsaucen. Das richtige leichte Abendbrot für gestresste Baseballmanager …

Corn-Pancakes

150 g tiefgefrorene Maiskörner · 2 EL Butter
2 kleine Eier · 100 ml Milch · 60 g Mozzarella · 2 EL Weizenmehl · 3 EL Maismehl
Salz · Pfeffer · Öl zum Backen

1. Den Mais auftauen und im Mixer stark zerkleinern, aber nicht zu Brei hacken.
2. Die Butter schmelzen, abkühlen lassen und mit den Eiern und der Milch verrühren.
3. Den Mozzarella klein schneiden und mit dem Mais, dem Mehl und dem Maismehl mischen. Mit Salz und Pfeffer würzen und in den Teig rühren.
4. Etwas Öl in einer Pfanne erhitzen und mit einer Schöpfkelle kleine Portionen des Maisbreis in

die Pfanne gießen - nicht flach drücken! Den Pfannkuchen etwa 1 1/2 Minuten bei mittlerer Hitze braten, bis der Rand fest und die Unterseite goldbraun ist.

5. Umdrehen und die Oberseite bräunen. Den Teig auf diese Weise verarbeiten und jeweils nach

dem Backen etwas Öl nachgießen. Die Küchlein zugedeckt abkühlen lassen.

6. Den Backofen auf 180 °C vorheizen. Ein Backblech mit Backpapier auslegen, die Pfannküchlein darauf verteilen und auf der mittleren Schiene im Backofen etwa 15 Minuten erhitzen.

Avocado-Dip

Hier haben wir noch ein kleines Gericht, passend für einen winzigen Napf. Es passt außerdem hervorragend zu den Maispfannküchlein auf der vorherigen Seite. Um schonungslos ehrlich zu ein: Das Rezept ist ausnahmsweise nicht original-amerikanisch - sondern mein eigenes. Ich bin aber ziemlich sicher, dass Charlie Brown und seine Freunde den Dip mögen würden ...

Achten Sie beim Einkauf auf die richtige Festigkeit der Avocado!

Wenn sie zu hart ist, schmeckt sie nach nichts und lässt sich nicht pürieren; wenn sie zu weich ist, überrascht sie durch ein braun geflecktes, faseriges Innenleben, als hätte jemand kaputte Schnürsenkel darin versteckt.

Ich habe mir sagen lassen, dass die genau richtig reife Avocado sich anfühlen sollte wie ein idealer Busen: fest und dennoch etwas nachgiebig.

Mit diesem Rat können Sie Charlie Brown natürlich nicht zum Einkaufen schicken. Vielleicht sollten Sie ihm erklären, dass die ideal reife Avocado sich anfühlen muss wie ein neuer Gummiball.

Avocado-Dip

100 g Magerquark · 100 g Crème fraîche

60 g Remoulade · 125 g Buttermilch
1 EL Olivenöl · 2 EL Sonnenblumenkernöl
1 Zwiebel · 2 Frühlingszwiebeln
2-3 Knoblauchzehen · 1 Bund Dill
3 mittelgroße Avocados
1 Messerspitze Cayennepfeffer · Salz

1. Magerquark, Crème fraîche, Remoulade und Buttermilch zu einer geschmeidigen Creme verrühren.
2. Das Olivenöl und das Sonnenblumenkernöl unterrühren.

3. Die Zwiebel schälen und hacken. Von den Frühlingszwiebeln Wurzelbüschel und welke grüne Teile abschneiden. Zwiebelköpfe mit 2-3 cm Grün abschneiden, waschen und klein hacken.
4. Die Knoblauchzehen abziehen und pressen. Den Dill waschen, trockenschütteln und wiegen. Zwiebeln, Knoblauch und Dill zur Creme hinzufügen.
5. Die Avocados längs durchschneiden und entkernen, das Fruchtfleisch mit einem Löffel aus der Schale holen, in Stückchen schneiden und pürieren. Sofort mit der Quarkcreme verrühren und mit Cayennepfeffer und Salz abschmecken.

Kartoffelchips

Vor ungefähr hundertfünfzig Jahren sind sie erfunden worden. Natürlich in Amerika. Selbst gemachte Chips schmecken »kartoffeliger« und sind ungewöhnlich knusprig. Wer die kaut, hört wirklich nichts mehr vom überflüssigen Geschnatter der einen oder anderen großen Schwester ...

Potato-Chips

6 kleine bis mittelgroße fest kochende Kartoffeln · Salz · Rosenpaprika
ein Topf mit Frittiereinsatz oder eine Fritteuse · kaltgepresstes Öl zum Frittieren

1. Die Kartoffeln waschen und mit einer Bürste reinigen - Hauptsache, die Schale bleibt dran! Die braucht der Chip, um nicht auseinander zu fallen.
2. Die Kartoffeln in möglichst feine Scheiben schneiden oder hobeln. Die Endstücke weglassen.
3. Die Scheibchen gleich in einen großen Topf mit kaltem Wasser werfen. Eine Stunde baden lassen, dann das Wasser abgießen und die Kartoffeln vorsichtig etwas ausdrücken.
4. Eine weitere Stunde in frischem kalten Wasser baden lassen. Das Wasser wieder abgießen, die Kartoffeln vorsichtig drücken und trockentupfen.

5. Das Öl in der Fritteuse oder dem Topf mit Frittiereinsatz erhitzen. Wenn es leise blubbert, Versuchs-Chips hineingeben. Durch das Antippen der Kartoffelchips mit einem Holzlöffel bekommen Sie ein Gefühl dafür, wann sie hart werden und fertig sind.

6. Die Kartoffelscheiben in nicht zu großen Portionen ausbacken. Wenn sie braun und knusprig sind, mit einem Schaumlöffel herausholen und auf Küchenpapier abtropfen lassen. Mit Salz und Rosenpaprika bestreuen.

"ALLES PALETTI!". DAS IST MEINE NEUE LEBENS-PHILOSOPHIE
3-23
PIB Copenhagen
ICH NEHME NICHT AN, DASS DU ALS HUND EINE LEBENS-PHILOSOPHIE HAST, ODER?
5659
© 1995 United Feature Syndicate, Inc.
SCHULZ

Snoppys nahrhaftes Lebensmotto lautet also: »Alles Fressnapf« – und wir füllen denselben jetzt mit Suppen und Salaten. Die gibt es entweder zum Lunch, der

SOUPS & SALADS

kulinarischen Zwischeninsel auf dem Weg zum Dinner, oder direkt vor dem Abendessen selbst. In letzterem Fall sind sie eine gute Methode, die Gäste bei Laune zu halten, bis das Hauptgericht eintrudelt.

Erdnusssuppe

Diese Suppe ist weder so zäh noch derart schwer, dass man sie mit der Schaufel löffeln müsste - obwohl sie zugegebenermaßen nicht zu den ganz leichten und kalorienarmen Süppchen zählt. Auch unter ihresgleichen muss es ja hin und wieder eine geben, die sättigt. Nach gelungener Flucht beispielsweise, dürfte schon Hunger aufkommen ... Darüber hinaus schmeckt sie wirklich sehr gut. Probieren Sie mal, ob Sie lieber die feine Erdnusscreme hineinrühren oder die Sorte, in der kleine Nussstückchen enthalten sind.

Peanut-Soup

1-2 Karotten · 1 kleiner Knollensellerie
1 große Kartoffel · 1 große Gemüsezwiebel
3 EL Butter · 1 l Hühnerbrühe · 100 g Erdnusscreme · 125 g Sahne · 1 TL gekörnte Brühe
1 Messerspitze Muskatnuss · Salz · Pfeffer

1. Die Karotten, den Sellerie und die Kartoffel schälen und zerkleinern.
2. Die Gemüsezwiebel schälen und klein hacken. Die Butter in einer Pfanne erhitzen und die Gemüsezwiebel darin dünsten, bis sie glasig wird. Die Hühnerbrühe angießen.

3. Die Karotten, den Sellerie und die Kartoffel in die Brühe geben und etwa dreißig Minuten kochen lassen.
4. Das Gemüse abschöpfen, pürieren und anschließend zurück in die Brühe geben.
5. Die Erdnusscreme hineinrühren und alles noch einmal aufkochen lassen.
6. Die Sahne dazugießen und die Suppe mit gekörnter Brühe, Muskatnuss, Salz und Pfeffer abschmecken.

Tipp: Dies ist das traditionelle amerikanische Rezept. Wenn es Ihnen zu hausbacken vorkommt, dann ersetzen Sie die Sellerieknolle durch eine klein geschnittene Mango und schmecken das Ganze mit Curry und Safran ab ...

Tomatensuppe »Reruns Trost«

Was Lucy da treibt, ist selbstredend schiere Liebe. Viele Menschen verharren feige in Harmonie oder scheren sich überhaupt nicht darum, ob jemand sich vielleicht bis auf die Knochen blamiert. Lucy scheut sich nie, ihre Mitmenschen darauf aufmerksam zu machen, wenn sie sich grundfalsch verhalten, wenn sie herumtölpeln oder in peinliches Benehmen abgleiten. Sie hat jederzeit einen offenen Tadel auf den Lippen. Wenn Lucy ihren jüngsten Bruder nicht zu Tode liebt, wird er Trost finden bei dieser lieblichen Tomatensuppe.

Tomato-Soup »Rerun's Comfort«

500 g reife aromatische Tomaten
80 g durchwachsener zarter Speck
3 Stangen Sellerie · 1 Möhre · 2 Zwiebeln
4 EL Olivenöl · 3/4 l gekörnte Brühe
1 Knoblauchzehe, durchgepresst
1/2 TL Oregano · 125 g Sahne

1. Tomaten waschen, kurz in kochendes, dann in kaltes Wasser tauchen, häuten, vierteln und von den Strünken befreien. Den Speck würfeln.
2. Den Sellerie putzen und waschen, die Möhre schälen, beides klein schneiden.

3. Die Zwiebeln schälen und klein hacken. In einer tiefen Pfanne oder einem Schmortopf Olivenöl erhitzen und die Zwiebeln darin dünsten. Wenn sie glasig sind, die gekörnte Brühe angießen.

4. Die Tomaten, den Sellerie und die Möhre hineingeben und alles etwa 20 Minuten garen.

5. Die Suppe durch ein Sieb streichen. Den Speck hineingeben. Mit Knoblauch und Oregano abschmecken und die Sahne hineinrühren.

6. Vor dem Essen des ersten Löffels Suppe ganz diskret pusten ...

Fischsuppe

Wenn Peppermint Patty einen Fisch gefangen hat - ob mit Köder oder nur durch gutes Zureden - könnte sie Chowder daraus fabrizieren. Wenn es jedoch ohne Köder doch nicht klappt mit dem Angeln, lässt sich der Chowder auch gut mit tiefgekühltem Fischfilet machen.
Diese Suppe ist wunderbar: so sanft und milde, dass sie sogar vielen Nicht-Fischessern schmeckt. Und außerdem klassische amerikanische Küche.

Fish-Chowder

Man angele sich: 100 g geräucherten Speck
1 Zwiebel · 3 Kartoffeln · 2 Stangen Sellerie
1/4 l Fischfond aus dem Glas · Salz
Pfeffer · 1 Lorbeerblatt · Thymian
Kein Fisch?! Doch: 500 g Fischfilet, z.B.
Rotbarsch · 2 EL Butter · 1/4 l Milch
250 g Sahne

1. Den Speck würfeln und in einem großen schweren Topf knusprig braten. Mit einem Schaumlöffel herausfischen und zur Seite stellen.
2. Die Zwiebel schälen und in dünne Scheiben schneiden. Die Kartoffeln schälen und würfeln. Den Sellerie putzen, waschen und in Scheiben

schneiden. Im ausgelassenen Speckfett die Zwiebelscheiben dünsten, bis sie glasig sind.

3. Den Fischfond angießen. Die Kartoffelwürfel hineingeben und etwas Wasser dazugießen, bis alles gut bedeckt ist. Sellerie, Salz, Pfeffer, Lorbeerblatt und Thymian hinzufügen.

4. Alles etwa 20 Minuten kochen, bis die Kartoffeln weich sind.

5. Das Fischfilet waschen, trockentupfen und in mundgerechte Stücke schneiden.

6. Fischfilet, Butter, Milch und Sahne in die Suppe geben und das Ganze etwa 5 Minuten köcheln lassen. Den Speck hineinrühren.

7. Die Suppe eine Stunde stehen und abkühlen lassen. Das Lorbeerblatt herausnehmen.

8. Vor dem Servieren nochmals erhitzen, aber nicht mehr aufkochen!

Abalonesuppe

Das Tier, das den armen kleinen Woodstock gehetzt hat, gehört zur Gattung der Meeresschnecken und lebt normalerweise im Pazifik. Meeresschnecken sind eigentlich nicht übertrieben schnell. Andererseits besitzt Woodstock nur ziemlich kurze Beinchen. Vermutlich hat er sich vor Schreck nicht daran erinnert, dass er fliegen kann.
Meiner Ansicht nach sollte man sich von Abalonen nicht jagen lassen, man sollte sie kochen. Sie haben einen angenehmen Geschmack und kauen sich ein bisschen wie Radiergummi.
Wie ich bereits bemerkte, öffnen amerikanische Köche in Wahrheit höchst selten eine Büchse. Bei denen schwimmen Abalonen ja auch gleich nebenan im Pazifik. Wir unsererseits werden in diesem Fall um die Büchse kaum drumherum kommen.
Dies Rezept ist kein amerikanisches, sondern ein chinesisches. In Amerika wimmelt es jedoch nur so von chinesischen Restaurants.

Abalone-Soup

2 Frühlingszwiebeln · 4 EL Pflanzenöl
1 Knoblauchzehe, durchgepresst
1 l klare Brühe · 20 g weißer Rettich
1 Möhre · 12 frische kleine Shiitake-Pilze

1 Dose Abalonen · 60 g chinesische Glasnudeln

1/2 TL frische geriebene Ingwerwurzel

Sojasauce

1. Von den Frühlingszwiebeln Wurzelbüschel und welke Teile abschneiden. Zwiebelköpfe mit 2-3 cm Grün abschneiden, waschen und hacken. Öl in einem Topf erhitzen und die Zwiebeln, später den Knoblauch darin dünsten. Die Brühe angießen.
2. Den Rettich und die Möhre schälen und in streichholzdünne Streifen schneiden. Die Shiitake-Pilze waschen und die Stängel entfernen.

3. Jetzt wird die Dose mit den Abalonen geöffnet! Den Saft in die Brühe gießen. Die Abalonen in mundgerechte Stücke schneiden. Mit dem Gemüse zusammen in die Brühe geben und das Ganze etwa 10-12 Minuten kochen lassen.
4. In der Zwischenzeit in einem anderen Topf die Glasnudeln nach Vorschrift kochen und das Wasser abgießen.
5. Wenn das Gemüse gar ist, die Glasnudeln in die Suppe geben und mit dem Ingwer und der Sojasauce abschmecken.

HE, MANAGER! WIESO MUSS ICH EIGENTLICH IMMER IM RECHTEN AUSSENFELD SPIELEN?
6590
PIB Copenhagen
www.unitedmedia.com
WEIL DU NICHT NUR DIE GRÖSSTE NIETE IN UNSERM TEAM, SONDERN AUCH DIE GRÖSSTE NIETE IN DER BASEBALLGESCHICHTE BIST!
© 1998 United Feature Syndicate, Inc.
DU SIEHST AUS, ALS HÄTTEST DU ETWAS ZUGENOMMEN..
SCHULZ
3-3

WIR KÖNNEN ES UNS NICHT LEISTEN, DIR STÄNDIG NEUE NÄPFE ZU KAUFEN, SAGT PAPS
ER MEINT, WIR MÜSSEN DIE HYPOTHEK AUF DAS HAUS UND DEN FRISIER-SALON VIELLEICHT ERNEUERN...
ICH WEISS NICHT.. VIELLEICHT MACHT ER AUCH NUR WITZE...
ICH KANN BEIM ESSEN NICHT LACHEN...
© 1997 United Feature Syndicate, Inc.
PIB Copenhagen
www.unitedmedia.com
9-26
SCHULZ

Cäsars Salat

Da steht Snoopy, mit seinem gewohnten Accessoire in der Schnauze, dem Fressnapf - und trotzdem heißt es *Cäsars* Salat? Cäsar? Wieso? Sind wir hier bei Asterix?
Also, Cäsar war ganz einfach der Name eines genialen mexikanischen Restaurantbesitzers, der diesen äußerst delikaten Salat kreiert hat.
Der Unterbau besteht allein aus schlichtem Grün: Kopfsalat etwa, Eisbergsalat oder am besten der herbe Römersalat. Die Raffinesse liegt allein in der Sauce.

Caesar's Salad

3 Scheiben Weißbrot · 1 Knoblauchzehe
60 ml Olivenöl · 2 Kopfsalate
3-4 Sardellenfilets · Saft von 1/2 Zitrone
Salz · frisch gemahlener Pfeffer
1 Ei · 50 g Parmesan, gerieben

1. Das Weißbrot in Würfelchen schneiden. Die Knoblauchzehe abziehen, in zwei Esslöffel Öl pressen und hineinrühren. Die Brotwürfel darin wälzen, dann in einer Pfanne hellbraun rösten und zur Seite stellen.

2. Den Salat putzen, waschen und trockenschleudern. In nicht zu kleine Stücke reißen.

3. In einer Salatschüssel die Sardellenfilets zerdrücken und mit dem restlichen Olivenöl sowie dem Zitronensaft mischen. Mit Salz und Pfeffer würzen.

4. Den Salat in die Schüssel geben und vorsichtig in der Sauce wenden.

5. Das Ei genau eine Minute lang in kochendes Wasser geben und sofort abschrecken. Vorsichtig öffnen, das flüssige Eiweiß abgießen, und das

beinah noch flüssige Eigelb behutsam über die Salatblätter träufeln.

6. Den Salat erneut vorsichtig durchmischen und auf vier Teller verteilen. Den Parmesan und die gerösteten Brotwürfel darüber streuen.

Tipp: Wenn Sie diesen Salat an Gäste verfüttern wollen, die in ihrem Leben noch nie Fisch auf Grünzeug geschmeckt haben, empfiehlt es sich, dazu die Krabbenküchlein von Seite 68 oder Ähnliches zu servieren. Das mildert den Schock.

Salat à la Woodstock

Warum soll ein aufgewecktes kleines Vögelchen nicht einen Salat komponieren? Hauptsache, es sind Sesamkörner zum Aufpicken drin.
Man nehme also einen Spaten und einen Eimer und grabe nach einem gesunden, mittelgroßen Regen ...
Quatsch. Das mit dem Regenwurm war doch bloß ein Scherz für Insider. Wir nehmen einen echten Truthahn.
Es ist übrigens gelogen, dass Amerikaner nichts von Salaten verstehen. Sie haben ja sogar das Salatbuffet erfunden!
Wahrscheinlich sind diese Gerüchte entstanden, nachdem USA-Touristen, noch das blanke Entsetzen in den Augen, von der rosa Pampe berichteten, die ihnen im Schnellimbiss über die eiskalten Tomaten geklatscht wurde. Es ist nicht fair, den kulinarischen Standard eines Volkes nach seinen Schnellimbissen zu beurteilen.

Woodstock's Salad

200 g Truthahnfilet · 1 Kopfsalat
1 Kopf Radicchio · 1 Bund Rucola
2 Orangen · 10 Kirschtomaten
2 EL Kräuteressig · 4 EL Walnussöl
1/2 TL Senf · 1 TL Puderzucker

90 g Johannisbeergelee · 8 Scheiben Frühstücksspeck · 2 EL Sesamsamen, geröstet

1. Das Truthahnfilet in etwas Wasser dünsten.
2. Den Salat putzen, waschen und trockenschleudern. In nicht sehr kleine Stücke schneiden und auf vier Teller verteilen.
3. Die Orangen schälen und in Stücke teilen, die Tomaten waschen, den Stielansatz entfernen und die Tomate halbieren. Alles auf den Salat legen.

4. Das kalte Truthahnfleisch in fingerlange Stücke schneiden und oben auf den Salat legen.
5. Kräuteressig, Walnussöl, Senf, Puderzucker und Johannisbeergelee miteinander verrühren und auf den Salat träufeln.
6. Den Frühstücksspeck in einer Pfanne braten, bis er knusprig ist und sich wellt. Mit einem scharfen Messer ebenfalls in fingerlange Streifen schneiden und noch warm auf dem Salat verteilen.
7. Die Sesamsamen über den Salat sprenkeln.

Hühnchen-Erdnuss-Salat

Sehr richtig: Wer füllt dem Tier Salat in den Napf, wenn Herrchen nicht mehr ist? Was den Mais angeht – bis vor kurzem bekam man ihn hier zu Lande nur aus der Dose. Neuerdings gibt es tiefgefrorenen Mais von beachtlicher Qualität. Abgesehen davon, dass er natürlich viel gesünder ist als der Büchsenmais, verhält er sich im Geschmack dazu wie das Lächeln von Peppermint Patty zu dem von Michelle Pfeiffer.

Chicken-Peanut-Salad

100 g tiefgefrorene Maiskörner · 4 Möhren
4 Hühnerbrustfilets · Salz · Pfeffer · Rosenpaprika · Chili · 4 Kolben Chicorée
1/2 Eisbergsalat · 1 Zwiebel · 150 g kleine Champignons aus der Dose · Öl zum Braten

Für die Salatsauce:

150 g gesalzene Erdnüsse · 4 EL Erdnussöl
Saft von 1/2 Zitrone · 2-3 Spitzer Süßstoff · 60 g Erdnusscreme · 2 EL Sahne
etwas frische geriebene Ingwerwurzel · einige Blätter Zitronenmelisse, gehackt

1. Den Mais auftauen lassen. Die Möhren schälen, schräg in etwa 3 cm lange Stücke schneiden und

etwa 10 Minuten in ungesalzenem Wasser kochen. Mit einem Schaumlöffel aus dem Wasser nehmen.

2. Die Hühnerbrustfilets waschen, trockentupfen und mit Salz, Pfeffer, Rosenpaprika und Chili würzen. Öl in einer Pfanne erhitzen und die Hühnerbrustfilets darin anbraten, dann bei mittlerer Hitze etwa 15 Minuten garen.

3. Die Chicoréeblätter waschen, trockentupfen und klein schneiden. Den Eisbergsalat waschen und klein schneiden. Die Zwiebel schälen und in Ringe schneiden. Die Champignons abtropfen lassen.

Möhren, Chicorée, Eisbergsalat, Zwiebel, Mais und Champignons in eine Schüssel geben.

4. Die Hühnerbrustfilets quer zur Faser in Streifen schneiden und noch warm unter den Salat mischen.

5. Zwei Drittel der Erdnüsse im Mixer zerkleinern, aber nicht mahlen. Zusammen mit den anderen Zutaten für die Sauce verrühren und unter den Salat heben.

6. Zum Schluss die restlichen Erdnüsse über den Salat streuen.

© 1996 United Feature Syndicate, Inc.
SCHULZ 8-17
ICH FRAGE, MICH, OB NOCH JEMAND SO BLÖD SEIN KANN, IM REGEN ZU ANGELN..
PIB Copenhagen
6093

Es stimmt nicht, dass Amerikaner nur Fleisch essen, sobald sie den Kaugummi aus dem Mund nehmen.
Es gibt etliche schöne und typische Fisch-

FISH & SEAFOOD

und Meerestiergerichte, und natürlich gehören einige davon zu den Lieblingsspeisen der Peanuts – warum sonst sollten Peppermint Patty und Snoopy dauernd angeln?

Lachskartoffeln

Dies ist ein Rezept aus Kanada, wo man bekanntlich viele Lachse fangen kann.
Ich gebe zu, dass sie auch dort selten durch Eislöcher geangelt werden. Meist fängt man sie mit einem gezielten Prankenhieb knapp unterhalb von Wasserfällen, die die Lachse als Lift nach oben benutzen, um rechtzeitig bei diversen Hochzeitszeremonien zu erscheinen.

Salmon-Potatoes

6 große Kartoffeln · 1 große Zwiebel
450 g geräucherter Lachs in Scheiben
1 Salatgurke · 1 Bund Dill
100 g saure Sahne · 1/8 l Milch
1 TL geriebener Meerrettich · Salz · Pfeffer
4 EL geriebener Parmesan · 4 EL Butter
Butter für die Auflaufform

1. Die Kartoffeln waschen und etwa 15 Minuten kochen, bis sie fast gar sind. Abschrecken und die Schale abpellen. In nicht zu feine Scheiben schneiden.
2. Die Zwiebel schälen und in Ringe schneiden.
3. Eine Auflaufform einfetten. Die Hälfte der Kartoffelscheiben einfüllen und darauf die Hälfte

der Lachsscheiben legen. Auf den Lachs die zweite Schicht Kartoffeln und Lachs geben.

4. Den Backofen auf 180 °C vorheizen. Die Gurke schälen, in Scheiben schneiden und als oberste Schicht auf dem Lachs verteilen. Auf die Gurke die Zwiebelringe legen.

5. Den Dill waschen, trockenschütteln und klein hacken. Die saure Sahne mit der Milch verrühren, dann Dill und Meerrettich hinzufügen und mit Salz und Pfeffer abschmecken. Die Sahne über den Auflauf gießen.

6. Den Parmesan obenauf streuen und kleine Butterflöckchen daraufsetzen. Im Backofen etwa 20 Minuten überbacken.

Tipp: Geräucherter Lachs hat beim Fischhändler seinen Preis, aber es lohnt sich, ihn dort zu kaufen. Billiger Räucherlachs aus dem Supermarkt könnte aus Aufzuchtstationen stammen, in denen die Tiere wie Batteriehühner (wenn auch im Wasser) gehalten werden - abgesehen vom Tierschutz, sollten Sie auch im Sinne des Schutzes Ihrer Gesundheit vom Verzehr dieses Fisches absehen.

Fish and Chips

Sie haben vermutlich gedacht, zu Fish & Chips gehören grundsätzlich Big Ben und leises Regengeplätscher im Hintergrund. Ich auch. Das scheint falsch zu sein. Sobald man Big Ben gegen einen schnauzbärtigen Waiter mit Handtuchschürze austauscht, der so viel Kaffee nachgießt, wie das Herz begehrt, und das Regengeplätscher durch etwas Countrysound ersetzt, handelt es sich um typisch amerikanische Restaurantkost. Sonst könnte Marcie ja auch nicht behaupten, das sei ihr Lieblingsgericht.

Fish and Chips

Für den Fisch:

750 g Rotbarsch- oder Schollenfilet

Saft von 1/2 Zitrone · 1 Ei · 100 g Mehl

2 EL Bier · 75 ml Milch · Salz

Für die Chips:

1 kg fest kochende Kartoffeln · 1 Topf mit Frittiereinsatz oder eine Fritteuse

Öl zum Frittieren

1. Die Fischfilets waschen und mit Küchenpapier trockentupfen. Mit Zitronensaft beträufeln und salzen.

2. Das Ei trennen und das Eiweiß zur Seite stellen. Eigelb, Mehl, Bier, Milch und eine Prise Salz verrühren. Den Teig ruhen lassen.

3. Die Kartoffeln waschen, schälen und trockentupfen. In Pommes-frites-große Stücke schneiden.

4. Öl in dem Topf mit Frittiereinsatz oder der Fritteuse erhitzen. Die Kartoffelstücke in nicht zu großen Portionen hineingeben und goldbraun und knusprig ausbacken. Mit einem Schaumlöffel herausholen, auf Küchenpapier abtropfen lassen und salzen. Warm stellen.

5. Das Eiweiß zu steifem Eischnee schlagen und unter den inzwischen ausgeruhten Teig heben.

6. Die Fischfilets durch den Teig ziehen. Sie müssen völlig davon bedeckt sein.

7. In dem Topf mit Frittiereinsatz oder der Fritteuse ausbacken. Zusammen mit den Pommes frites anrichten.

Tipp: Der wahre Fish-and-Chips-Fan wird wahrscheinlich jedes raffinierte Sößchen dazu ablehnen und auf Ketchup bestehen. Nehmen Sie aber auf jeden Fall das selbst gemachte von Seite 83.

Thunfischauflauf

Dies ist eine nette, unkomplizierte kleine Mahlzeit. Auch die sehr junge, mit zehn Daumen ausgestattete, sinnlos verliebte junge Ehefrau kriegt das immer wieder fertig. Schröder sollte froh und dankbar sein, wenn ihm dieser Auflauf fünfmal in der Woche von seiner Muse vorgesetzt wird.

Tuna-Casserole

200 g Thunfisch aus der Dose
300 g Nudeln · Salz · 1 Stange Sellerie
4 Frühlingszwiebeln · 1/2 Bund frischer Dill
1 große Zucchini · 1 große Tomate
60 g saure Sahne · 2 TL Senf
80 g Remoulade · 120 g Käse, z.B. Gouda, gerieben · Butter für die Auflaufform

1. Den Thunfisch abtropfen lassen und mit den gar gekochten Nudeln vermischen.
2. Den Sellerie, den Dill und die Frühlingszwiebeln putzen, von den Zwiebeln den Kopf und 2-3 cm Grün abschneiden. Alles waschen und klein hacken. Die Zucchini putzen, waschen und in Scheiben schneiden. Die Tomate waschen, den Strunk entfernen und die Tomate in Scheiben schneiden.

3. Aus Sellerie und Frühlingszwiebeln, saurer Sahne, Senf, Remoulade und Dill eine Sauce rühren, mit Salz abschmecken. Vorsichtig unter die Thunfischnudeln heben.

4. Den Backofen auf 180 °C vorheizen. Eine Auflaufform fetten und die Hälfte der Masse hineingeben. Mit der Hälfte der Zucchinischeiben bedecken. Die zweite Hälfte der Thunfischnudeln einfüllen und mit den restlichen Zucchinischeiben bedecken.

5. Den geriebenen Käse obendrauf streuen und mit den Tomatenscheiben krönen. Den Auflauf im Backofen etwa 30 Minuten backen.

ACHTUNG, FISCHE! SIE KOMMT!
6089
PIB Copenhagen
www.unitedmedia.com
PRIMA, MARCIE.. VERSCHEUCH SIE NUR ALLE!
© 1996 United Feature Syndicate, Inc.
8-13
ICH SORG NUR FÜR EINEN FAIREN KAMPF
SCHULZ

HE, IHR FISCHE! LASST EUCH NICHT AUFS KREUZ LEGEN! AM ENDE DER SCHNUR IST EIN HAKEN!
6090
SEI STILL, MARCIE..
SIE IST HINTER EUCH HER! LAUFT UM EUER LEBEN!
8/14
FISCHE LAUFEN NICHT, MARCIE..
PADDELT!
SCHULZ

Zutraulicher Kabeljau

Dies ist ein Rezept aus dem Wilden Westen. Warum der Fisch als zutraulich bezeichnet wird, konnte ich nicht herausfinden. Vielleicht beißt das hilfsbereite Tier ohne Wenn und Aber an? Dann dürfte jedoch mit Gewissheit niemand in nächster Nähe gewufft haben ...

Confiding Codfish

4 Kabeljaufilets, frisch geangelt (Wie bitte? Ja, oder tiefgekühlt) · 1 Bund Frühlingszwiebeln · 1 Bund Schnittlauch
1 Bund Dill · 2 Knoblauchzehen
1 Gemüsezwiebel · 80 g Butter
1/8 l Weißwein · 1 EL getrockneter, granulierter Estragon · 1 EL kleine Kapern
125 g Sahne · Salz · weißer Pfeffer

1. Die Fischfilets waschen und mit Küchenpapier trockentupfen, eventuell Grätenreste oder harte Stellen vorsichtig abzupfen.
2. Von den Frühlingszwiebeln Wurzelbüschel und welke grüne Teile abschneiden. Zwiebelköpfe mit 2-3 cm Grün abschneiden und in Streifen schneiden. Den Schnittlauch und den Dill waschen, trockenschütteln und hacken.

3. Die Knoblauchzehen abziehen und zerdrücken. Die Gemüsezwiebel schälen, vierteln und in feine Streifen schneiden.

4. Die Butter in einer tiefen Pfanne erhitzen und erst die Gemüsezwiebeln, dann den Knoblauch darin dünsten, bis die Zwiebel glasig ist. 1/8 l Wasser und den Weißwein angießen.

5. Frühlingszwiebeln, Schnittlauch, Dill, Estragon und Kapern dazugeben. Die Fischfilets in die Pfanne geben und alles etwa 10 Minuten lang köcheln lassen.

6. Die Sahne unterrühren und mit Salz und Pfeffer abschmecken.

Tipp: Falls gerade kein Kabeljaufilet zu haben ist, tut es zweifellos Heilbutt genauso. Sie müssten das Gericht dann nur umtaufen in »Hale Halibut«, damit alles seine Richtigkeit hat …

Krabbenküchlein

Angeln ist eine furchtbar komplizierte Angelegenheit. Manche Vögel kriegen das einfach nicht hin. Wenn man gar nichts fängt, sollte man in ein gutes Fischgeschäft gehen und sich dort was kaufen. Zum Beispiel Krabben.

Shrimp-Cakes

**400 g Krabbenfleisch · 8 gesalzene Cracker
1 kleine Zwiebel · 1 Ei · 1 Knoblauchzehe, durchgepresst · 2 EL Mayonnaise
2 EL Worcestershiresauce · 100 g Semmelbrösel · Öl zum Braten**

1. Das Krabbenfleisch pürieren. Die Cracker in einen Plastikbeutel füllen und mit einer Nudelrolle oder einer schweren, vollen Flasche zerdrücken, bis sie fein wie Mehl sind. Die Zwiebel schälen und fein hacken.
2. Krabbenmus, Crackerkrümel, Ei, Knoblauch, Zwiebel, Mayonnaise und Worcestershiresauce miteinander vermischen, sodass ein geschmeidiger Teig entsteht.
3. Aus dem Teig vier kleine, flache Kuchen formen. Diese in den Semmelbröseln wälzen.

4. Reichlich Öl in einer Pfanne erhitzen und die Krabbenküchlein darin bei großer Hitze ausbacken. Mehrmals wenden, bis sie auf beiden Seiten goldbraun sind.

Tipp: Wenn Sie dazu lediglich Salat anrichten, gehören die Küchlein in die Kategorie »Leichte Kleinigkeiten und Vorspeisen«. Das heißt, einen Holzfäller bekommen Sie mit so einem Krabbenklops nicht satt.
Falls es Ihnen jedoch am Herzen liegt, Krabbenküchlein zum alleinigen Highlight des Abends zu machen, verdoppeln Sie einfach die Zutaten, backen acht Küchlein und servieren als Beilage eine anständige Portion Reis mit Pinien- und Sonnenblumenkernen.

PEANUTS
featuring
"Good ol' CharlieBrown"
by SCHULZ
COLONEL WOODSTOCK
DONNERSTAG.... ICH WEISS!
DAS ERNTEDANKFEST IST EINE SCHLIMME ZEIT FÜR EINEN VOGEL...
MAN MUSS NICHT MAL EIN TRUTHAHN SEIN, UM GEGESSEN ZU WERDEN
MAN KÖNNTE AUCH EINE ENTE SEIN ODER EIN FASAN ODER EINE GANS ODER SONST WAS...
WENN ICH EIN VOGEL WÄRE, WÜRDE ICH MICH VERSTECKEN ODER IRGENDWIE VERKLEIDEN, BIS ERNTEDANK VORBEI IST...
!
11-23
Tm. Reg. U.S. Pat. Off.—All rights reserved
©1975 by United Feature Syndicate, Inc.
SCHULZ

Das heißt: Fleisch und Geflügel. Seit die Büffelherden hier umhergestrolcht sind, ist Amerika berühmt für seine wunderbare Fleischqualität. Rindfleisch ist am beliebte-

MEAT & POULTRY

sten und wird am meisten verzehrt, dicht gefolgt von Chicken, dem Hühnchen, und natürlich dem Truthahn, einem Ureinwohner. In diesem gastfreundlichen Land werden Puter gezüchtet, die vom Metzger aus nur mit einem Rollwägelchen nach Hause transportiert werden können und die mühelos in der Lage sind, zwanzig hungrige Freunde und Verwandte zu verköstigen.

Wunscheintopf

Wenn ein kleiner Junge wie Rerun mit großen Geschwistern wie Lucy und Linus begabt ist, wundert sich niemand darüber, dass er sich einen Hund wünscht. Ab und zu möchte man sich ja auch mal mit einem vernünftigen Wesen unterhalten.
Der Wish-Mulligan heißt jedoch nicht so, weil sich derjenige, der ihn sich heruntergequält hat, was wünschen darf. Niemand wird sich damit quälen, denn er schmeckt ausgezeichnet.
Mulligan ist ein irisches Wort für das, was unsere Großmütter hoffnungsfroh »Allerlei« nannten und bedeutet, der sparsame Koch wirft alles in den Topf, was er noch im Haus hat - oder eben, was er sich gerade wünscht.

Wish-Mulligan

1 schlankes Suppenhuhn oder Brathähnchen
250 g durchwachsenes Rindfleisch (Rippenstück) · 250 g mageres Schweinefleisch
2 Zwiebeln · Salz · 4 Nelken · 2 Lorbeerblätter · 1 Knoblauchzehe, geschält
1 TL Thymian · 1 TL Rosmarin · 3 Kartoffeln
2 Möhren · 2 Stangen Lauch · 1 sehr kleiner Weißkohl · 4 Tomaten · 1 Bund glatte Petersilie · 150 g tiefgefrorene Maiskörner

1. Das Huhn, das Rindfleisch und das Schweinefleisch waschen, trockentupfen und in einen mit kaltem Wasser gefüllten Topf geben.
2. Die Zwiebeln schälen und mit den Gewürzen zum Fleisch geben. Alles etwa 1 Stunde sprudelnd kochen lassen.
3. Die Kartoffeln und die Möhren schälen und zerkleinern. Den Lauch putzen, waschen und zerkleinern. Den Weißkohl putzen, den Strunk entfernen und den Kohl klein schneiden. Das Gemüse in den Topf geben, noch 1/2 Stunde bei mittlerer Hitze kochen.

4. Inzwischen die Tomaten blanchieren, häuten und vom Strunk befreien. Die Petersilie waschen, trockenschütteln und hacken. In den letzten 10 Minuten die Tomaten mit hineingeben, zum Schluss die Maiskörner.
5. Das Fleisch aus dem Topf nehmen. Das Rind- und Schweinefleisch klein schneiden, das Huhn vom Gerippe lösen und ebenfalls zerkleinern und alles zurück in den Topf geben. Die Petersilie über den Eintopf streuen.

Königliches Hühnchen

Wir lassen unser Huhn nicht schmoren, sondern erzählen ihm auf der Stelle, zu was es verarbeitet wird. Zu einem königlichen Gericht nämlich. Den Namen allerdings trägt das Rezept zu Ehren eines amerikanischen Hotelbesitzers, eines Mr. King, dessen Küchenchef es erdacht hat.

Chicken à la King

500 g Hühnerbrustfilet · 1 rote und 1 grüne Paprikaschote · 150 g Champignons
1 weißer Trüffelpilz · 3 EL Butter
1 EL Mehl · Salz · weißer Pfeffer
250 g Sahne · 3 Eigelbe
6 EL trockener Sherry

1. Das Hühnerbrustfilet in wenig Wasser dünsten. Die Paprikaschoten waschen, vierteln, vom Stielansatz und den Scheidewänden befreien, entkernen und in Streifen schneiden. Die Champignons waschen, putzen und in Scheiben schneiden. Den Trüffel abwischen oder mit einer weichen Bürste reinigen.
2. Die Butter in einer Pfanne erhitzen und die Paprikastreifen und die Champignons darin etwa 15 Minuten dünsten.

3. Inzwischen die Hühnerbrust in Streifen schneiden. Paprika und Champignons mit Mehl bestäuben, mit Salz und Pfeffer würzen und mit der Sahne begießen. Das Hühnerbrustfilet hineingeben.

4. Die Eigelbe mit dem Sherry verquirlen, in die Sauce rühren und alles vom Herd nehmen.
5. Das Huhn auf Tellern anrichten und den Trüffel fein darüber hobeln.

Entenbrust mit Ingwer

Daffy Duck an sich dürfte schon nicht besonders gut munden – von Daffy Duck in Plastik ganz zu schweigen.
Und überhaupt – sind wir hier bei Bugs Bunny?
Wenn Spike nicht immer so rührend wäre, würde ich mich überhaupt nicht auf Ente einlassen. Typische Durchschnittsamerikaner essen keine Ente. Andererseits finden sich in den französisch angehauchten Südstaaten sicher Köche, die so was fabrizieren wie:

Ginger Duck Brisket

1 Zwiebel · 1 1/2 TL frische geriebene Ingwerwurzel · 1 EL Salz
1 TL weißer Pfeffer · 1 EL Honig
4 zarte Entenbrustfilets · 5 EL Olivenöl
3 EL Butter · 1 EL Speisestärke · Salz
Pfeffer · 40 g kandierter süßer Ingwer

1. Den Backofen auf 200 °C vorheizen. Die Zwiebel schälen und sehr fein hacken. Mit Ingwer, Salz, Pfeffer und Honig zu einer Paste verarbeiten.
2. Die Entenbrustfilets waschen, trockentupfen und rundherum mit der Paste einreiben.

3. Das Öl und die Butter in einem Schmortopf erhitzen, das Fleisch zuerst auf der Hautseite, dann auf der anderen Seite scharf anbraten.
4. Im Backofen etwa 30 Minuten garen. Währenddessen höchstens 1/4 l Wasser angießen. Nach der Hälfte der Schmorzeit die Fleischstücke wenden.

5. Den Bratfond in einer Pfanne mit der in etwas kaltem Wasser angerührten Speisestärke binden und aufkochen lassen. Mit Salz und Pfeffer abschmecken.
6. Den kandierten Ingwer klein hacken und in die Sauce rühren.

Truthahn zu Thanksgiving

Woodstock wäre sowieso zu klein gewesen als Braten für eine große amerikanische Familie ...

Thanksgiving-Turkey

Für die Füllung: 200 g Butter · 1 Zwiebel, gehackt · 1/8 l Brühe · 125 g Champignons, in Scheiben geschnitten · 2 Stangen Sellerie, gehackt · 1 säuerlicher Apfel, geschält und gewürfelt · 1/2 Bund Petersilie, gehackt je 1/2 TL Salbei, Rosmarin, Thymian 100 g Weißbrotwürfel, geröstet · 250 g feine Bratwurst, gehäutet · Salz · Pfeffer

Für den Truthahn: 1 großer, küchenfertiger Truthahn · je 1 TL Salbei, Rosmarin, Thymian 1 TL Salz · 100 g Butter, zerlassen

Für die Sauce: Bratenfond aus dem Schmortopf · 3 EL Mehl · 1/4 l Geflügelbrühe 125 g Sahne · 3 TL Sherry

1. Die Zwiebel in der Butter glasig dünsten. Die Brühe angießen und die Pilze hinzufügen. Wenn diese weich sind, den Sellerie und den Apfel hineinrühren und einige Minuten köcheln lassen. Die Petersilie, die Gewürze sowie die Brotwürfel dazugeben. Bei starker Hitze die Bratwurstmasse

untermischen und anbraten. Mit Salz und Pfeffer würzen. Abkühlen lassen.

2. Den Backofen auf 180 °C vorheizen. Den Truthahn waschen, trockentupfen und von innen mit den gemischten Gewürzen einreiben. Einen Teil der Gewürze zur Seite stellen. Die abgekühlte Füllung lose in den Hals und die Bauchhöhle stopfen, mit Zahnstochern und Garn verschließen.

3. Den Truthahn mit der Brust nach oben in einen Schmortopf setzen. Mit der zerlassenen Butter bepinseln und die restlichen Gewürze darüber

streuen. In den Backofen schieben. Alle 30 Minuten mit Bratenfond übergießen. (Pro Kilo braucht ein Truthahn etwa 1/2 Stunde Garzeit.) In der letzten 1/2 Stunde die Hitze auf 220 °C erhöhen. Den Truthahn nach dem Braten warm stellen.

5. Den Bratenfond in eine Pfanne geben und aufkochen lassen. Das Mehl mit etwas kaltem Wasser verquirlen, in den Bratenfond geben und gut verrühren. Die Geflügelbrühe angießen und weiterrühren. Wenn die Sauce angedickt ist, die Hitze reduzieren. Die Sahne dazugießen. Die Sauce mit Sherry, Salz und Pfeffer abschmecken.

DEIN HUND SITZT VOR DER HINTERTÜR ... ICH GLAUBE, ER WARTET AUF DICH ...
PIB Copenhagen
IST ER ALLEIN?
NEIN, MIT EINEM FREUND ...
9/8
© 1995 United Feature Syndicate, Inc.
SCHULZ

JA, SIR.. WIR BRAUCHEN SCHON WIEDER EINEN NEUEN NAPF
6466
www.unitedmedia.com
DER LETZTE HAT NICHT LANG GEHALTEN, SEHEN SIE? ER HAT IHN GLATT DURCHGEFRESSEN..
PIB Copenhagen
WIR HABEN IHN GESTERN BEI IHNEN GEKAUFT, ERINNERN SIE SICH?
© 1997 United Feature Syndicate, Inc.
9-25
NEIN, DEN KASSENBON HAT ER AUCH GEFRESSEN..
SCHULZ

Cornedbeefeintopf, Ketchup

Sie müssen dieses schlichte Mahl nicht in einem Futternapf anrichten, obwohl es ein typisches Junggesellenessen sein soll.

Corned Beef-Casserole

4 Junggesellen brauchen also:

6-8 mehlig kochende Kartoffeln · Salz

1 Zwiebel · 2 EL Butter · 1/8 l Brühe

500 g Cornedbeef · 4 Gewürzgurken

4 EL Sahne · 4 Eier

1. Die Kartoffeln waschen, schälen, in kleine Stücke schneiden und in Salzwasser gar kochen. Wenn sie weich sind, zu Mus pürieren und in eine Rührschüssel füllen.
2. Die Zwiebel schälen und klein hacken. In einer Pfanne ein wenig Butter erhitzen und die Zwiebeln darin glasig dünsten. Die Brühe angießen und alles über die Kartoffeln geben.
3. Den Backofen auf 180 °C vorheizen. Das Cornedbeef mit einer Gabel grob zerkleinern und die Gewürzgurken klein hacken. Cornedbeef, Gewürzgurken und Sahne zu den Kartoffeln geben.
4. Die Masse mit einem Handrührgerät gut mischen. In eine mit dem Rest der Butter gefettete

Auflaufform füllen und etwa 15 Minuten im Backofen backen.

5. Mit einem Holzlöffel vier flache Löcher in den Auflauf bohren und vorsichtig die Eier in die Löcher schlagen. Den Auflauf weiterbacken, bis das Eiweiß hart ist.

Tomato-Ketchup

500 g reife Tomaten, gehäutet · 2 Zwiebeln, gehackt · 1 Knoblauchzehe, durchgepresst
1 TL Salz · 1 Messerspitze Chili
70 g Zucker · 1/8 l aromatischer Essig

1. Die Tomaten mit Zwiebeln, Knoblauch, Salz und Chili knapp mit Wasser bedeckt bei milder Hitze etwa 1 Stunde lang kochen. Ab und zu umrühren.
2. Den Zucker und den Essig dazugeben und das Ganze weitere 5-10 Minuten köcheln. Oft umrühren.
3. Wenn die Masse eindickt, durch ein feines Sieb streichen. In sterilisierte Gläser füllen und diese verschließen. Eine Woche ruhen lassen.

Würzfleisch mit Meerrettich

Vielleicht hätte Charlie Brown seinem Hund kein kaltes Buffet servieren sollen, sondern heißes Würzfleisch. Das wäre auch mal eine Abwechslung gewesen, und er hätte hinterher nicht so viele Näpfe spülen müssen.

Spicy Beef with Horseradish

Für das Rindfleisch: 1 Zwiebel, gehackt · 1 Möhre, zerkleinert · 1 Stange Sellerie, zerkleinert · 1 Stange Lauch, zerkleinert · 2 Lorbeerblätter · 2 TL Salz · 1/2 TL weißer Pfeffer · je 1 TL getrockneter Thymian, Estragon, Rosmarin, Salbei · 6 Wacholderbeeren · 2 TL Kümmel · 2 EL Sojasauce · 1 EL Worcestershiresauce · 6 Nelken · 1 EL Balsamicoessig · 1/2 TL Zucker · 1 1/2 kg Rinderbraten

Für die Sauce: 1 Bund Dill · 100 g saure Sahne · 2 EL Magerquark · 1 TL Senf · 3 EL Meerettich aus dem Glas

1. Alle Zutaten für das Fleisch, außer dem Fleisch selbst, in einen großen Topf geben, so viel Wasser dazugießen, dass das Fleisch später bedeckt ist.

2. Wenn der Sud kocht, das Rindfleisch hineingeben. Sobald das Wasser danach wieder zu sieden anfängt, die Hitze verringern und den Topf zudecken. Etwa zwei Stunden lang köcheln lassen.

3. Das Fleisch herausholen. Etwa 10 Minuten abkühlen lassen.

4. Inzwischen den Dill waschen, trockenschütteln und hacken. Aus 1/8 l des durchgesiebten Suds zusammen mit saurer Sahne, Quark, Senf und Meerrettich die Sauce rühren.

5. Das Fleisch quer zur Faser schneiden und die Sauce darüber verteilen. Den Dill über das Fleisch streuen.

Schweizer Steak

Außer Brotkrumen und Servietten wären bei so lieben, vertrauensvollen Gästen eigentlich auch ein paar Steaks ganz angebracht. Das »Swiss Steak« (kein bisschen schweizerisch, sondern uramerikanisch!) ist eine interessante Sache. Etwas gebraten und ansonsten geschmort schmeckt es besonders lecker und ist so zart, dass es auch von ganz kleinen Schnäbelchen zerteilt werden kann.

Swiss Steak

1 Möhre · 1 Stange Sellerie

4 leicht marmorierte Rindersteaks · 60 g Mehl

Salz · Pfeffer · 1 Zwiebel · 50 ml Keimöl

1/4 l gekörnte Brühe · 1 EL Worcestershiresauce

1. Die Möhre schälen und in Stücke schneiden. Den Sellerie putzen, waschen und zerkleinern. Die Steaks waschen und mit Küchenpapier trockentupfen.
2. 4 EL Mehl mit 1 Messerspitze Salz und Pfeffer mischen und mit einem Messer in das Fleisch einklopfen. Die Zwiebel schälen und in Ringe schneiden.
3. Das Öl in einer großen Pfanne erhitzen und die Steaks darin bei starker Hitze von beiden Seiten anbraten. In den letzten Minuten die Zwiebel dazugeben. Die gekörnte Brühe angießen.

4. Die Möhre und den Sellerie in die Pfanne geben. Das Ganze zugedeckt etwa 80 Minuten schmoren.
5. Die Steaks herausnehmen. Die Brühe durch ein Sieb in einen Topf gießen. Das sehr weiche Gemüse pürieren.

6. Die Brühe aufkochen lassen. Das Mehl mit etwas kaltem Wasser anrühren und in die Brühe rühren. Das pürierte Gemüse dazugeben. Die Sauce mit der Worcestershiresauce abschmecken und über die Steaks geben.
7. Mit Brotkrumen und Servietten anrichten.

Hackbraten

Sie hatten bisher gedacht, Meatloaf sei ein dicker Rockstar?
Das ist richtig. Darüber hinaus ist es ein schmackhaftes Gericht aus Hackfleisch. Es ist zwar ein bisschen aufwendig, den Hackbraten zuzubereiten, es lohnt sich jedoch, die paar Minuten länger darauf zu warten. Der Hund kann ja ruhig schon mal anfangen ...

Meatloaf

1 Zwiebel · 2 Knoblauchzehen
50 ml Olivenöl · 1 TL Majoran
130 g Weißbrotwürfel · 500 g Rinderhackfleisch · 500 g Schweinehackfleisch
2 Eier · 4 EL Schlagsahne · 60 g Tomatenmark · 2 EL geriebener Parmesan · Salz
Pfeffer

1. Die Zwiebel schälen, den Knoblauch abziehen und beides klein hacken. In einer Pfanne 4 EL Öl erhitzen, die Zwiebeln und dann den Knoblauch darin glasig dünsten.
2. Majoran darüber streuen. Die Brotwürfel dazugeben und von allen Seiten anrösten. Alles abkühlen lassen.

3. Den Backofen auf 180 °C vorheizen. In einer Schüssel das Hackfleisch mit Eiern, Sahne, Tomatenmark und Käse vermischen und zu einem glatten Teig verarbeiten.

4. Die abgekühlten Brotwürfel mit Zwiebeln und Knoblauch im Mixer zerkleinern und dann in das Fleisch kneten. Mit Salz und Pfeffer würzen.
5. Die Masse zu einem länglichen Laib formen und mit dem restlichen Öl bepinseln.
6. Auf ein mit Backpapier ausgelegtes Backblech setzen und im Backofen etwa 1 Stunde backen.

Muntere Schweinerippchen

Wer in vollkommener Einsamkeit isst, den plagt kein Neid. Jedenfalls kein Neid auf den Teller nebenan.
Charlie Browns Essen sieht nicht nur besser - es sieht vor allem munterer aus als Snoopys Futter ...

Merry Spareribs

2 EL ausgelassenes Schweineschmalz
60 g Tomatenmark
60 ml Worcestershiresauce
2 EL Sojasauce · 4 EL Apfelessig
80 g flüssiger Honig oder Ahornsirup
Tabasco · weißer Pfeffer
2 kg Schweinerippchen · Salz

1. Den Backofen auf 200 °C vorheizen. Schmalz, Tomatenmark, Worcestershire- und Sojasauce, Essig, Honig oder Ahornsirup, einige Spritzer Tabasco und weißen Pfeffer in einem Schmortopf mischen und bei mittlerer Hitze 5 Minuten lang unter Rühren kochen.
2. Die Schweinerippchen kalt abwaschen, mit Küchenpapier trockentupfen und salzen und pfeffern.

3. Auf den mittleren Rost im Backofen legen, mit etwas Sauce bepinseln. Eine Fettpfanne auf den Backofenboden stellen. (Wer auch immer den Backofen wieder sauber machen muss, wird es Ihnen danken.)

4. Die Schweinerippchen backen. Etwa alle 15-20 Minuten die Rippchen umdrehen und erneut bepinseln. Nach insgesamt etwa 1 1/2 Stunden sollten sie fertig – und äußerst schmackhaft sein.

Tipp: Die Spareribs werden gern zum Grillen verwendet, und es spricht nichts dagegen, dass Sie dieses Rezept bei der nächsten Grillparty zur Anwendung bringen. Dafür ist es sogar ursprünglich erdacht worden. Falls es aber in Strömen gießt und alle Ihre Freunde verreist sind, werden Sie Ihrem Backofen dankbar sein.

SO! ICH BIN IN DEN STRÖMENDEN REGEN RAUS UND HAB DEINEN NAPF GEHOLT..
www.pib.dk
www.snoopy.com
HIER IST DEIN FRÜHSTÜCK.. DU WEISST ES HOFFENTLICH ZU WÜRDIGEN..
© 1999 United Feature Syndicate, Inc.
SCHON WIEDER HUNDEFUTTER?
7-30
SCHULZ
7028

Für die gewünschte Vielfalt im Napf sorgen die Accessoires und reizenden kleinen Extras der Mahlzeit wie Gemüse, Nudeln und Kartoffeln. Die Kartoffel ist

PIZZA, PASTA & VEGETABLES

– wie auch viele Gemüsesorten – gebürtige Amerikanerin, wenn sie auch inzwischen ein erzdeutsches Gesicht hat. Da glücklicherweise viele Italiener in die USA ausgewandert sind, fühlen sich auch Pizza und Pasta hier ganz zu Hause.

Pizza »Oase«

Ich habe diese Pizza so getauft, um Spike ein bisschen aufzuheitern in seinem öden, wüsten Leben. Tatsächlich heißt das Gericht »Pizza Mafioso« und stammt von sizilianischen Einwanderern.

Pizza »Oasis«

Für den Teig: 250 g Mehl · 1/2 Würfel frische Hefe vom Bäcker · 1/8 l lauwarmes Wasser
1 TL Honig · 1 Messerspitze Salz
2 EL Olivenöl
Für den Belag: 100 g Crème fraîche
Tomatenmark · 8 reife Tomaten · 60 ml Öl
1 TL Oregano, gehackt · 1 TL Basilikum, gehackt · 150 g Ölsardinen ohne Gräten und Haut · 100 g Mozzarella · 50 g geriebenen Parmesan
Außerdem: Öl für das Backblech

1. Das Mehl in eine Schüssel geben. In die Mitte eine kleine Mulde drücken. Dort hinein die Hefe bröckeln und mit 1/3 des Wassers, dem Honig und etwas Mehl zu einem Brei verrühren. Den Brei dünn mit Mehl bedecken und an einem warmen Ort etwa 15 Minuten gehen lassen.

2. Dann den Brei mit dem Mehl, dem restlichen Wasser, dem Salz und dem Öl verkneten. Den Teig schlagen, bis er sich von der Schüssel löst.

3. In eine Schüssel legen, mit einem Tuch zudecken und etwa 30 Minuten bei Raumtemperatur gehen lassen.

4. Einen Pizzafladen mit erhöhtem Rand formen und auf ein gefettetes Backblech legen. Den Backofen auf 220 °C vorheizen.

5. Die Crème fraîche und das Tomatenmark gut miteinander mischen und auf den Teig streichen.

6. Die Tomaten waschen, den Stielansatz entfernen, die Tomaten in dicke Scheiben schneiden und auf der Pizza verteilen.

7. Das Öl darüber träufeln und die gehackten Kräuter obenauf streuen. Die Ölsardinen möglichst dekorativ den Tomaten ans Herz legen.

8. Den Mozzarella in Scheiben schneiden und die Pizza damit bedecken. Zum Schluss den Parmesan darüber streuen.

9. Die Pizza im Backofen etwa 10-12 Minuten backen.

Erdnuss-Tortellini

Tortellini sind Kusinen der Ravioli: kleine dralle Nudeltäschchen mit angeborener Fleischfüllung, die eher schlicht schmeckt, um die Bouillon nicht zu irritieren, in der sie häufig schwimmen.

Nein, ich werde Ihnen nicht erzählen, wie Sie Tortellini selbst herstellen (und womöglich mit Erdnüssen stopfen) können. Ich habe mir die Mühe ein paar Mal gemacht. Es war eine interessante Erfahrung, so ähnlich wie Töpfern. Seither habe ich sie gekauft.

Tortellini bekommen Sie wirklich überall, sogar gute italienische. In Weiß (also als solide Eiernudeln), in Grün (mit einem Hauch Spinataroma) oder rötlich (tomatensaftgefärbt).

Hier ist eine feine, würzige Nudelsauce für Ihre Tortellini. Mit Peanuts!

Peanut-Tortellini

4 EL Sesamöl · 4 EL Olivenöl · 4 EL Sojasauce · 80 g Honig · 2 Eigelbe · 2 EL Erdnusscreme · 1 TL scharfer Senf · 60 g Sahne
1 Bund Frühlingszwiebeln · 4-5 Blätter Rucola
1 kleine Knolle Fenchel · 500 g Tortellini · Salz · schwarzer Pfeffer · Tabasco
2 EL gehackte, geröstete, gesalzene Erdnüsse

1. Öl, Sojasauce, Honig und Eigelbe gut miteinander verschlagen. In einem Schmortopf unter Rühren einige Minuten aufkochen.
2. Vom Herd nehmen. Die Erdnusscreme, den Senf und die Sahne hineinrühren.
3. Die Frühlingszwiebeln putzen, waschen, die Zwiebelköpfe mit 2-3 cm Grün abschneiden und sehr fein hacken.
4. Den Rucola putzen, waschen und klein schneiden. Von dem Fenchel einige wenige Innenblätter

nehmen sowie das hellgrüne Fenchelgrün, diese waschen und ebenfalls sehr klein hacken.
5. Frühlingszwiebeln, Rucola und Fenchel in die Sauce rühren.
6. Die Tortellini in kochendem, leicht gesalzenem Wasser weich kochen.
7. Die Sauce vorsichtig noch einmal erhitzen, nicht kochen lassen. Mit Pfeffer und wenigen Tropfen Tabasco abrunden. Zum Schluss die gehackten Erdnüsse hineinrühren.
8. Die Sauce über die Tortellini geben.

Glasierte Möhren

Sie fragen sich, was Gemüse mit Nikolaus zu tun hat? Das ist eine laaaaange Geschichte ...
Zunächst einmal bringt Snoopy gern ein wenig die Feste und Traditionen durcheinander. Damit keine Missverständnisse auftreten: es gibt natürlich ebenso wenig einen Erntedank-Nikolaus wie etwa einen Oster-Beagle.
Thanksgiving wiederum wird in Amerika beinah so heftig gefeiert wie Weihnachten, wenn auch ohne Geschenke. Vor allem wird gefuttert! Eine Reihe traditioneller Gerichte kommen auf den Tisch und dazu gehören außer Truthahn, Kartoffelbrei, Rosenkohl und Kürbiscreme auch die glasierten Möhren.
Jetzt begreifen Sie den Zusammenhang, stimmt's?

Glazed Carrots

1 kg Möhren · 70 g Butter · 70 g Zucker
1/4 l Fleischbrühe · Salz · Pfeffer
Petersilie

1. Die Möhren schälen. Mit Küchenpapier trockentupfen. Falls sie eher XL-Format haben, in daumenlange Stücke schneiden.

2. Die Butter in einem Schmortopf schmelzen lassen. Die Möhren dazugeben und mit dem Zucker bestreuen. Umrühren, bis sich der Zucker gelöst hat. Die Fleischbrühe dazugießen. Mit Salz und Pfeffer würzen.

3. Die Möhren zugedeckt etwa 15 Minuten dünsten, dabei den Topf hin und wieder rütteln. Inzwischen die Petersilie waschen, trockenschütteln und hacken – denn Nässe macht die schöne Glasur kaputt.

4. Den Deckel entfernen. Die Möhren noch weitere fünf Minuten dünsten, bis die Flüssigkeit verkocht ist. Jetzt sollten die Möhren eine goldbraune, glänzende Glasur haben. Die Petersilie darauf streuen.

Gebackene Tomaten

Nicht nur über den richtigen Gebrauch einer Schaufel wird Rerun eine Fernsehsendung finden, über kurz oder lang kommt bestimmt auch eine Kochsendung, in der genau erklärt wird, was man mit Radieschen, Möhren, Tomaten und all so was macht. Tomaten beispielsweise kann man backen, und das schmeckt umwerfend gut.

Baked Tomatoes

1 kleine Zwiebel · 1 TL Salz
1 große Knoblauchzehe · 4 EL Sonnenblumenöl
5 EL Olivenöl · 1 Bund krause Petersilie
1 Bund Majoran oder Oregano
1 Bund Zitronenmelisse · 1 Bund Dill
1 Messerspitze schwarzer Pfeffer
16 große reife Tomaten · 80 g Semmelbrösel

1. Die Zwiebel schälen, sehr fein hacken und mit dem Salz in einer kleinen Schüssel verrühren. Die Knoblauchzehe abziehen und zur Zwiebel pressen.
2. Das Sonnenblumenöl und 4 EL Olivenöl zu der Zwiebel gießen und alles gut vermischen.

3. Petersilie, Majoran oder Oregano, Zitronenmelisse und Dill waschen, trockenschütteln und fein hacken. Auch in die Schüssel geben und mit einem

Salatbesteck alles miteinander mischen. Mit Pfeffer würzen.

4. Den Backofen auf 250 °C vorheizen. Ein Backblech mit Alufolie auslegen. Die Folie dünn mit 1 EL Olivenöl einpinseln.

5. Die Tomaten waschen, mit Küchenpapier trockentupfen, in der Taille durchschneiden und mit der offenen Seite nach oben auf die Alufolie legen.

6. Die Öl-Kräuter-Mischung auf den Schnittflächen der Tomaten verteilen. Eine dünne Schicht Semmelbrösel darauf geben.

7. Die Tomaten im Backofen etwa 12 Minuten überbacken.

Rosenkohl mit Kastanien

Rosenkohl ist ein sehr beliebtes Gemüse in Amerika. Wie bereits erwähnt, gehört es traditionell mit auf die große Thanksgiving-Tafel. Um jedoch nicht den Eindruck zu erwecken, die Amerikaner würden nur zu Thanksgiving kochen, soll hier betont werden: Es handelt sich hier eher um ein weihnachtliches Rezept.

Dem Rosenkohl selbst, wie Lucy sehr richtig bemerkt, ist das sowieso egal, da er nie weiß, was los ist.

Sie brauchen natürlich keine Esskastanien aus der Büchse zu nehmen, wenn Sie frische Maronen bekommen, eine Engelsgeduld besitzen und solide Fingernägel. In dem Falle müssen Sie die Kastanien einfach nur von der harten Schale und ebenso von der dunklen Haut befreien. Alles Gute.

Falls Sie indessen das Gefühl haben, niemandem Rechenschaft schuldig zu sein, greifen Sie völlig gleichmütig zum Dosenöffner und lassen die Esskastanien heraus.

Brussels Sprouts with Chestnuts

600 g Rosenkohl · Salz · 1 kleine Zwiebel
50 g durchwachsener Speck
50 g Butter · 1 Scheibe Weißbrot

250 g Kastanien, geschält (abgetropft, falls – na, Sie wissen schon ...)

1. Den Rosenkohl putzen und waschen. Die Strünke kreuzweise einschneiden. In Salzwasser zugedeckt etwa 18 Minuten kochen.
2. Den Rosenkohl in einem Sieb gut abtropfen lassen.
3. Die Zwiebel schälen. Die Zwiebel und den Speck möglichst klein würfeln. Die Hälfte der Butter in einer tiefen Pfanne erhitzen und Zwiebel und Speck darin anbraten.

4. Das Weißbrot in kleine Würfel schneiden. Mit dem Rest der Butter zu Speck und Zwiebeln geben. Bei ziemlich starker Hitze braten, dabei mit einem Holzlöffel rühren und aufpassen, dass nichts zu dunkel wird.
5. Den Rosenkohl und die Kastanien in die Pfanne geben und in den Speck-, Zwiebel- und Brotwürfeln wenden.

WARUM KANN ICH KEINEN HUND HABEN?
6010
ALLE WELT HAT EINEN HUND! WARUM KANN ICH KEINEN HABEN?!
DU WEISST DOCH GAR NICHT, WIE MAN EINEN HUND HÄLT.. DU WEISST NICHT MAL, WIE MAN IHN FÜTTERT
© 1996 United Feature Syndicate, Inc.
PIB Copenhagen
5-13
HUNDE MÖGEN MÜSLI!
SCHULZ

JA, SIR.. MEIN HUND BRAUCHT EINEN NEUEN FUTTERNAPF..
www.unitedmedia.com
ER VERSCHLEISST SIE SEHR SCHNELL
PIB Copenhagen 6452
NEIN, ICH FÜTTERE IHN NUR EINMAL AM TAG...
© 1997 United Feature Syndicate, Inc.
9/23
BITTE! BEZAHL EINFACH, UND LASS UNS VERSCHWINDEN..
SCHULZ

Kartoffelsalat »Lucys Laune«

Wenn Lucy nächstes Jahr auf die Leiter steigt, um die Kartoffelbäume abzuernten, gibt es sicherlich typisch amerikanischen Kartoffelsalat. Dieser Salat hat wenig mit dem üblichen deutschen Kartoffelsalat gemeinsam.
Wahrscheinlich fehlt mir der ausgeprägt kritische Sinn: Ich liebe beide Arten.

Potato-Salad »Lucy's Caprice«

600 g fest kochende Kartoffeln
2 Stangen Lauch · 4 Stangen Sellerie
1 rote Paprikaschote · 1 Bund Radieschen
60 g Walnüsse, gehackt · 1/8 l Fleischbrühe
100 g Joghurt · 60 g Mayonnaise · 2 EL Öl
2 EL Aceto Balsamico · Salz · Pfeffer

1. Die Kartoffeln gründlich waschen. 20-25 Minuten kochen, abschrecken und pellen. In Würfel schneiden.
2. Den Lauch putzen und längs aufschneiden. Den Sellerie putzen. Lauch und Sellerie waschen und in sehr feine Scheiben schneiden.
3. Die Paprika waschen, vierteln, Kerne, Scheidewände und Stielansätze entfernen und die

Paprika in kleine Stücke schneiden. Die Radieschen putzen, waschen und in Scheibchen schneiden.

4. Lauch, Sellerie, Paprika, Radieschen und Walnüsse in einer großen Schüssel mit den Kartoffelwürfeln mischen.

5. Die heiße Fleischbrühe über den Kartoffelsalat gießen, alles gut vermengen und 20 Minuten ziehen lassen.

6. Aus Joghurt, Mayonnaise, Öl, Essig, Salz und Pfeffer eine cremige Sauce rühren und diese behutsam unter den Salat mischen.

Kartoffelpüree

Natürlich gehört das Kartoffelpüree als typische Beilage auf einen unter Gottes anderen Gaben ächzenden Thanksgiving-Tisch, da hat Spike schon Recht.
In Amerika genießt man diese köstliche Speise aber auch zu vielen anderen Gelegenheiten und viel häufiger als bei uns, wo dem Gericht leicht etwas von »Schonkost« anhaftet, als sei es vor allem etwas für Kranke, kaputte Vagabunden oder zahnlose Köter (so wie Spike).

Mashed Potatoes

2 kg mehlig kochende Kartoffeln
Salz · 125 g Sahne
1/8 l Milch · 1/4 l Fleischbrühe
100 g Butter · Muskatnuss

1. Die Kartoffeln waschen, schälen und in kleine Stücke schneiden. In Salzwasser kochen, bis sie gar sind. Das Wasser abgießen.
2. Die Kartoffeln durch ein Sieb streichen oder pürieren.
3. Die Sahne, die Milch und die Fleischbrühe zusammen in einem Topf aufkochen lassen. Mit einem Handrührgerät nach und nach unter die Kar-

toffelmasse rühren, bis die gewünschte Konsistenz erreicht ist (ein geschmeidiger Brei, nicht zu trocken).

4. Die Butter hineinrühren und den Kartoffelbrei mit Muskatnuss abschmecken.

Tipp: Wenn Sie Püree übrig haben, können Sie es einen Tag – nicht zugedeckt – in den Kühlschrank stellen. Am nächsten Tag daraus mit nassen Händen kleine Röllchen formen, diese in geschlagenem, gesalzenem Eigelb und Semmelbröseln wälzen und in der Fritteuse ausbacken. Das ergibt eine sehr leckere, völlig andere Beilage.

Kürbiscreme

Es gibt glücklicherweise massenhaft schöne amerikanische Kürbis-Rezepte. Das ist auch nötig, denn irgendwas muss ja mit dem Inhalt der vielen Kürbisse passieren, die zu Halloween ausgehöhlt und mit gruseligen oder lustigen Gesichtern versehen werden.

Nur wer schon mal einen riesigen Kürbis entleert hat, um dann eine winzige Kerze hineinzustellen und anschließend ratlos fünf Schüsseln anstarrte, voll mit orangefarbenem Inhalt, weiß, was ich meine. Obwohl ein Kürbis ja bereits von außen majestätisch wirkt, ist kaum zu glauben, was mal alles an Fruchtfleisch in ihn hineingepasst hat, als er noch lebte. Wenn Sie nach der Herstellung der Creme immer noch Kürbis übrig haben (wovon ich ausgehe), lassen Sie bei der nächsten Portion die Brühe sowie Salz und Pfeffer weg und wenden sich Seite 128 zu. Da steht, wie Sie Kürbiskuchen machen können.

Pumpkincream

600 g frisches Kürbisfruchtfleisch
1/4 l Brühe · 1/8 l Milch
125 g Sahne · 3 EL Butter · Salz

1. Die Kürbiskerne aus dem Fruchtfleisch entfernen. Das Kürbisfleisch würfeln, in einen Topf geben und die Brühe angießen.
2. Das Kürbisfleisch bei mittlerer Hitze etwa 20 Minuten weich kochen.

3. Die Flüssigkeit durch ein Sieb in einen anderen Topf gießen und zur Seite stellen. Das Kürbisfleisch pürieren.
4. Die Milch, die Sahne und die Butter zur Kürbiscreme geben und das Ganze mit dem Handrührgerät verrühren. Wenn die Creme zu fest ist, von der Brühe dazugießen. Mit Salz abschmecken.

ES WAR MEIN ERSTER TAG IM KINDERGARTEN, JA? UND PLÖTZLICH VERKÜNDET DIE ERZIEHERIN, ES IST ZEIT FÜR EINEN SNACK..
ICH FRAG SIE ALSO, OB ICH EINEN SCHOKO-EISBECHER HABEN KANN... UND WEISST DU, WAS ICH KRIEGE? EIN PLÄTZCHEN!
DAS PASSIERT EINEM ALS HUND STÄNDIG...
PIB Copenhagen
www.unitedmedia.com
© 1996 United Feature Syndicate, Inc.

Cookies und Cakes, Kekse und Kuchen stehen nicht nur bei Charlie Brown und seinen Freunden hoch im Kurs. Der amerikanische Gaumen liebt Süßigkeiten - Charles M. Schulz, der Vater der Peanuts, hat jeden Tag ein Schokola-

DESSERTS, CAKES & COOKIES

deneis gegessen. Aus diesem Land stammt zwar die Devise: »Du bist niemals reich und niemals schlank genug.« Zum Nachtisch wird jedoch häufig eine ganze Torte serviert. Das Dumme ist: die süßen Sachen schmecken derart gut, dass es wirklich schwer ist, sich zu mäßigen.

Nostalgischer Tapiokapudding

Wenn Snoopy den Roten Baron hetzt und Spike im Schützengraben schmachtet, dann befinden wir uns im Ersten Weltkrieg. Damals kochte Mama noch nicht Pudding aus der Tüte, sondern sie stellte ihn aus Perl-Tapioka her, was sehr zeitaufwendig ist und für Leute mit kulturhistorisch interessierter Zunge gerade wieder total in. Tapioka ist eine Speisestärke, ähnlich wie Gelatine, jedoch pflanzlich. Gelatine gilt, seit Rinder hin und wieder wahnsinnig werden, als nicht ganz ungefährlich. Insofern verfügt Tapioka über einen reizvollen Sicherheitsfaktor – wer hat schon mal eine verrückte Pflanze gesehen? Das Problem dabei: In Amerika gibt es diese Art der Speisestärke in ihrer ursprünglichen Form – als Perlen – nicht mehr im Handel. Dort muss man sich mit Tapiokapulver behelfen, das glibbert anders. Wir in Old Germany hingegen können in jedem Reformhaus Tapiokaperlen kaufen. Ha!

Old-fashioned Pearl-Tapioca-Pudding

60 g Perl-Tapioka · 360 ml Milch · 1 Vanilleschote · 320 g Sahne · 80 g Zucker · Salz
2 Eigelbe · 2 TL gehackte Mandeln

1. Die Tapioka über Nacht in Wasser einweichen.

2. Das Wasser abgießen. Die Milch erhitzen. Die Vanilleschote aufschneiden, das Mark mit einem Löffel herauskratzen.

3. Das Vanillemark mit der Sahne, dem Zucker, 1 Prise Salz und der Tapioka in die Milch rühren. Das Ganze in einem schweren Topf bei kleiner Hitze 1 Stunde lang köcheln lassen, dabei häufig umrühren.

4. Die Eigelbe in einer Schüssel mit etwas von der heißen Tapiokamasse verrühren. Dann alles un-

ter Rühren in den Topf geben. Die gehackten Mandeln unterrühren.

5. Die Masse in eine Schüssel gießen und fest werden lassen.

Brotpudding

Ob Spike den Brotpudding trotz allem gegessen hat? Oder ist er mit knurrendem Magen in den Schützengraben zurückgekehrt?

Jetzt werden Sie sich natürlich fragen, wo eigentlich der tiefere Unterschied zum Tapiokapudding besteht. Weshalb Spike den einen vergöttert und den anderen verabscheut.

Beides sind reichlich biedere Süßspeisen ohne schickes Flair, kein Himbeermark wird spiralig über die Teller gesprenkelt, kein Heiß-zu-kalt-Effekt überrascht die Geschmacksnerven.

Vorlieben, auch kulinarische, haben eben viel mit Emotionen zu tun.

Was Spike den Brotpudding verleidet hat, ahnen wir nicht. Tapiokapudding wird ihm sein Leben lang Geborgenheit und Zärtlichkeit vermitteln, einfach, weil Mama ihn mit liebender Pfote kochte, als Spike noch ein kleiner Welpe war …

Breadpudding

6 Scheiben Weißbrot · 1/2 l Milch · 4 Eier
70 g brauner Zucker · 1 TL Vanillezucker
1 TL Zimt · Salz · 3 EL Rosinen

1. Das Brot in Würfelchen schneiden und in etwas Milch einweichen.
2. Den Backofen auf 150 °C vorheizen. Die Eier schlagen. Den Zucker und die Eier in einer Schüssel gründlich miteinander verrühren. Die restliche Milch dazugießen und gut untermischen.
3. Vanillezucker, Zimt, Salz und Rosinen hineinrühren.
4. Das Brot in eine Kastenform füllen und die Eiermasse darüber gießen.

5. Die Kastenform in einen mit Wasser gefüllten Schmortopf stellen und im Backofen auf der mittleren Schiene 40-50 Minuten backen.

Tipp: Falls Sie eine echte englische oder amerikanische Puddingform besitzen, sollten Sie diese natürlich benutzen. Für all diejenigen mit weniger perfekter Küchenausstattung: Die Methode, eine Kuchenform in einen mit Wasser gefüllten Behälter zu stellen, funktioniert gar nicht schlecht ...

Erdnusspudding

Wir würden uns alle sofort freiwillig melden, um der Lehrerin diesen Pudding zu bringen.
Naja, vielleicht würden wir uns auch nur melden, um ihn zu essen.
Er ist nämlich wirklich unglaublich lecker.

Peanutpudding

2 Blatt weiße Gelatine
120 g geröstete, ungesalzene Erdnüsse
1 Päckchen Vanillezucker
1/4 l Milch · 2 Eigelbe
60 g Puderzucker
125 g Sahne

1. Die Gelatineblätter in etwas kaltem Wasser einweichen.
2. Die Erdnüsse von der dunklen Haut befreien und möglichst fein mahlen.
3. Den Vanillezucker in die Milch rühren. Die Eigelbe und den Puderzucker in einem Topf mit einem Schneebesen schlagen und die Vanillemilch unter Rühren nach und nach dazugeben.
4. Auf dem Herd bei schwacher Hitze weiterschlagen, bis die Masse fest wird. Dann vom Herd nehmen.

5. Die Gelatine ausdrücken und in den warmen Pudding rühren, bis sie sich ganz darin aufgelöst hat.

6. Den Pudding etwas abkühlen lassen. Die Sahne steif schlagen und mit den gemahlenen Erdnüssen in den Pudding rühren. Den Erdnusspudding in Schälchen füllen und im Kühlschrank fest werden lassen.

Tipp: Und wenn wir hier sowieso schon auf die Kalorien pfeifen, dann sollten Sie sich überlegen, ob Sie den fertigen Pudding nur mit einem Klecks Schlagsahne verzieren oder unter die Sahne noch einige Esslöffel Mascarpone und ein wenig Zitronensaft ziehen sollten ...

Fudge-Eis

Was ist Fudge? Fudge ist ähnlich wie das Pralinenfüllmaterial Fondant, eine weiche Zuckermasse, die häufig mit Schokolade angereichert oder mit Nüssen aufgepeppt wird.
Dies hier ist also ein Eis mit dem typischen Fudgearoma. Wenn man mir das nicht ausdrücklich gesagt hätte, wär's mir entgangen.
Auf jeden Fall schmeckt es viel zu gut zum Wegwerfen.

Fudge-Icecream

4 Eigelbe · 80 g Zucker
1/2 l Milch · 250 g Sahne
1/2 TL Vanillepulver
1/2 TL Zimt · 1/2 TL Salz
100 g weiße Schokolade

1. Die Eigelbe quirlen und mit dem Zucker schaumig schlagen.
2. Die Milch und die Sahne in einem Topf aufkochen. Unter ständigem Rühren nach und nach zu Ei und Zucker gießen.
3. Alles zusammen zurück in den Topf geben und bei sehr schwacher Hitze oder im Wasserbad unter ständigem Rühren erhitzen. Das Vanillepulver,

den Zimt und das Salz hinzufügen und die Schokolade darin schmelzen. Alles gut verrühren.

4. Wenn Sie eine Eismaschine besitzen, dann können Sie die Masse dort hineinfüllen, lassen sie nach Vorschrift gefrieren und entspannen sich.

5. Falls nicht - empfehle ich einen glatten runden Plastikbehälter für Tiefkühlgerichte, in den die Fudgemasse kommt. Den Behälter ins Tiefkühlfach stellen und alle 15 Minuten herausholen, um mit einem Schneebesen energisch die Masse umzurühren, bis sie nach maximal zwei Stunden

perfekt cremig ist. Ein extrem rührender Vorgang - aber es lohnt sich!

Tipp: Das Fudge-Eis schmeckt übrigens niederträchtig gut zum Apfelkuchen von Seite 126.

Erdnusseis

Eigentlich hätte Snoopy wissen müssen, dass der Eisverkäufer an Peanuts denkt, sobald er einen aufrecht stehenden, naseweisen Beagle sieht.

Peanut-Icecream

**4 Eigelbe · 80 g Zucker · 1/2 l Milch
250 g Sahne · 1/4 TL Salz · 2 EL Erdnusscreme · 150 g Zartbitterschokolade
100 g Margarine · 4 EL gehackte, geröstete, ungesalzene Erdnüsse**

1. Die Eigelbe mit dem Zucker schaumig schlagen.
2. Die Milch und die Sahne in einem Topf aufkochen. Unter ständigem Rühren nach und nach zu Ei und Zucker gießen.
3. Alles zusammen zurück in den Topf geben und bei sehr schwacher Hitze oder im Wasserbad unter ständigem Rühren erhitzen. Das Salz und die Erdnusscreme hinzufügen.
4. Wenn Sie eine Eismaschine besitzen, dann benutzen Sie das Gerät. Falls nicht - müssen Sie rühren. Siehe das Rezept für Fudge-Eis auf der Seite 122.

5. Die Schokolade in kleine Stücke schneiden, zusammen mit der Margarine in einer Metallschüssel

über einem Topf mit leicht siedendem Wasser schmelzen lassen. Schokolade und Margarine sollten völlig flüssig sein, aber nicht kochen.

6. Die Erdnüsse auf ein Tellerchen streuen. Aus dem Eis Kugeln formen.

7. Mit einer Würstchenzange die Eisstücke greifen und bis zur Hälfte in die flüssige Schokoladenmasse tauchen.

8. Gleich anschließend die Schokoladenglasur in die Erdnussstückchen stippen. Das Eis sofort wieder ins Tiefkühlfach stellen! Es muss sehr schnell gearbeitet werden.

WIR KRIEGEN IM KINDERGARTEN KEINE HAUSAUFGABEN AUF..
6201
www.unitedmedia.com
ICH WEISS.. IHR HABT'S GUT..
WENN'S MAL SOWEIT IST, SAG ICH DER LEHRERIN, MEIN HUND HÄTTE DIE AUFGABEN GEFRESSEN..
© 1996 United Feature Syndicate, Inc.
11/23
DU HAST KEINEN HUND..
ICH LEIH MIR EINEN AUS..
SCHREIB DEINE AUFGABEN AUF EINEN DONUT, DANN ESS ICH SIE...
SCHULZ
PIB Copenhagen

BITTE SEHR.. SIEBEN PLÄTZCHEN.. FÜR JEDEN TAG DER WOCHE EINS..
www.snoopy.com
2-1
PIB Copenhagen
6904
© 1999 United Feature Syndicate, Inc.
DIE TAGE VERGEHEN ECHT IM FLUG, NICHT WAHR?
SCHULZ

Apfelkuchen

Peppermint Pattys Ansicht über den Nutzen eines halben Dutzends dieser Mitbringsel ist nur korrekt, falls es sich um sehr majestätische Äpfel handelt. Wir würden so etwas zum Nachmittagskaffee servieren; die Peanuts hingegen genießen Apple Pie als Dessert nach dem Dinner. Am leckersten schmeckt der Kuchen noch warm und Wange an Wange mit einer Kugel Vanille- oder Fudge-Eis ...

Apple-Pie

Für den Teig: 380 g Mehl · 1 TL Salz
220 g Butter · 1 Ei
Für die Füllung: 7-8 feste, säuerliche Äpfel
175 g Zucker · 50 g brauner Zucker
1 TL Zimt · 1/2 TL Muskatnuss
3 EL Mehl · 50 g Butter
Außerdem: Butter für die Form

1. Das Mehl mit dem Salz vermischen. Die kalte Butter in kleine Stücke schneiden und auf dem Mehl verteilen. Das Ei dazugeben und so viel kaltes Wasser, wie für eine gute Konsistenz nötig ist. Alles sehr schnell miteinander zu einem Mürbeteig verkneten. Krümelig darf der Teig ruhig sein!

2. Den Teig zu einer Kugel formen, in Folie einwickeln und eine Stunde lang im Kühlschrank ruhen lassen.

3. Eine Springform mit Butter einfetten. Die Hälfte des Teiges auf einer bemehlten Fläche ausrollen und in die Form legen. Den Rand des Teiges schön hochziehen, bis etwas über den Rand der Form hinaus.

4. Die Äpfel schälen, vierteln, entkernen und längs in dünne Scheiben schneiden. Den Backofen auf 220 °C vorheizen.

5. Zucker, Zimt, Muskatnuss und Mehl gut miteinander mischen und die Apfelscheibchen darin wälzen. Die panierten Äpfel in die Springform geben. Obendrauf kleine Butterflöckchen setzen.

6. Die zweite Hälfte des Teigs ausrollen und zu einem Kreis formen, der etwas größer als die Springform ist. Damit die Füllung zudecken. Die Ränder der unteren und oberen Teigplatte gut zusammendrücken. Den Teigdeckel mit einem Schaschlikstäbchen mehrfach dekorativ durchstechen.

7. Den Kuchen 10 Minuten bei 220 °C, dann etwa 35 Minuten bei 180 °C backen.

Kürbiskuchen

Wenn man fest genug daran glaubt, dass einem ein Kürbiskuchen geschenkt wird, passiert es am Ende wirklich. Es ist doch schon vorgekommen, dass jemand einen Kürbiskuchen zu viel hatte - oder dass die Tante, für die das Ding gebacken worden war, nicht erschien - oder dass dem Bäcker plötzlich übel wurde und er nur noch Haferschleim zu sich nehmen konnte ...
In allen Fällen dieser Art wäre der Kürbiskuchenbesitzer dankbar für einen kleinen Jungen, der frohe Wünsche auf den Lippen hat und ein Knurren im Magen.

Pumpkin-Pie

Für den Teig: 180 g Mehl · 1/2 TL Backpulver · 80 g Zucker · 1 Ei · 70 g Butter
Für die Füllung: 350 g Kürbiscreme (s. Seite 110) · 150 g brauner Zucker
je 1/2 TL Ingwerpulver, Zimt und Muskatnuss · 1 Messerspitze Nelkenpulver
3 Eier · 250 g Sahne
Außerdem: Butter für die Form

1. Das Mehl mit dem Backpulver mischen, in eine Schüssel geben und in die Mitte eine Mulde

drücken. Den Zucker und das Ei in die Mulde geben. Die kalte Butter in Stückchen schneiden, auf dem Mehl verteilen. Alles so schnell wie möglich zu einem glatten Teig verarbeiten. In Alufolie gewickelt etwa 1/2 Stunde im Kühlschrank ruhen lassen.

2. Eine Springform mit Butter einfetten. Den Teig auf einer bemehlten Fläche ausrollen und in die Form legen. Den Rand des Teiges etwa 3 cm hochziehen. Wieder kühl stellen.

3. Den Backofen auf 180 °C vorheizen. Die Kürbiscreme mit Zucker, Ingwer, Zimt, Muskatnuss, Nelkenpulver, Eiern und Sahne verrühren.

4. Die Füllung in den Teigmantel gießen. Den Kuchen im Backofen etwa 45 Minuten backen.

Tipp: Interessanterweise bekommt der Kürbiskuchen keine Decke, (sonst wird jedem Pie traditionell noch ein perforiertes Teighäubchen aufgesetzt.) Vielleicht, weil die Kürbismasse beim Backen eine Art feste, leicht glänzende Haut an der Oberfläche bildet.

Karottenkuchen

Karottenkuchen mag kein Gemüse sein. Wenn wir allerdings darüber nachgrübeln, dass es zwar Spaß macht, rohe Karotten zu knabbern, wir dem Beta-Karotin in unserem Körper jedoch erst eine Chance geben durch Erwärmen des Gemüses und die Beigabe von Fett - dann ist es (aus dieser Perspektive betrachtet) gesünder, ein anständiges Stück Karottenkuchen zu essen als Rohkost.

Carrot-Cake

100 g Butter · 200 g Zucker
4 Eier · 180 g Karotten
80 g Nüsse, z.B. Pecannüsse, gehackt
1 TL Zimt · 1/2 TL Nelkenpulver · Salz
200 g Mehl · 1 Päckchen Backpulver
100 ml Buttermilch
150 g Mascarpone · 80 g Puderzucker
60 g Sahne
Butter für die Form

1. Die Butter mit dem Zucker schaumig schlagen, dann die Eier nach und nach hineingeben und unterrühren.

2. Die Karotten schälen und sehr fein reiben. Mit Nüssen, 1/2 TL Zimt, Nelkenpulver und 1 Messerspitze Salz in den Teig rühren.

3. Den Backofen auf 180 °C vorheizen. Das Mehl mit dem Backpulver mischen und nach und nach unter ständigem Rühren in den Teig geben.

4. Die Buttermilch und dann 60 ml heißes Wasser vorsichtig in den Teig rühren. Das heiße Wasser dickt den Teig an.

5. Eine Springform mit Butter einfetten und den Teig einfüllen.

6. Den Kuchen im Backofen etwa 45 Minuten backen.

7. Aus Mascarpone, Puderzucker, 1/2 TL Zimt und Sahne eine Creme rühren und den abgekühlten Kuchen damit bestreichen.

Kokosnussplätzchen

Snoopy dreht bekanntlich durch, wenn der kleinste Fussel Kokosnuss es wagt, auf einem Keks zu sitzen. (Und soviel ich weiß, teilt Linus diese Aversion.) Es liegt mir fern, irgendwen ärgern zu wollen - aber hier haben wir ein kleines Rezept für Plätzchen nach dem Baiser-Prinzip, die nahezu nur aus Kokosnuss bestehen und nichtsdestotrotz köstlich sind ...

Coconut-Cookies

4 Eiweiße · 1 Prise Salz
200 g Puderzucker · 280 g Kokosraspeln
1 Fläschchen Mandelaroma

1. Den Backofen auf 160 °C vorheizen. Die Eiweiße mit dem Salz in einer hohen Schüssel steif schlagen.
2. Nach und nach den Puderzucker hineinrieseln lassen, dabei ständig weiterschlagen.
3. Die Kokosraspeln und das Mandelaroma dazugeben und mit einem Holzlöffel behutsam unterheben.
4. Ein Backblech mit Backpapier auslegen. Mit einem Esslöffel kleine Kleckse der Teigmasse auf das Backpapier setzen.

5. Die Kekse im Backofen etwa 1/2 Stunde lang mehr trocknen als backen, bis sie goldgelb und hart sind.

Tipp: Der Name dieser Gebäckart, bei der man geschlagenes Eiweiß bei geringer Hitze fest werden lässt, wie gefrorene Wölkchen, Baiser, ist französisch und bedeutet »Kuss«. Doch wenn auch die Franzosen das Baiser erfunden haben mögen, ist es inzwischen so international wie die Kunst des Küssens.

Erdnusskekse

Ein Hund wie Snoopy ist eben nicht so leicht zu behumsen. Vor allem nicht, wenn es um Kekse mit Erdnussgeschmack geht ...
Diese Cookies schmecken ganz besonders gut zu Milch oder Milchkaffee.

Peanutbutter-Cookies

200 g brauner Zucker
1 EL Zuckerrübensirup
160 g gesalzene Butter, weich · 1 Ei
200 g Erdnusscreme · 160 g Mehl
1 TL Natron · 1 Vanilleschote

1. Den Zucker und den Sirup glatt rühren. Die weiche Butter dazugeben, dann das Ei und die Erdnusscreme. Alles gründlich verrühren.
2. Das Mehl und das Natron gut vermischen. Die Vanilleschote aufschneiden, das Mark mit einem kleinen Löffel herauskratzen und unter das Mehl geben.
3. Das Mehl nach und nach unter den Teig rühren. Den Teig 1/2 Stunde im Kühlschrank ruhen lassen.
4. Den Backofen auf 180 °C vorheizen. Ein Backblech mit Backpapier auslegen. Mit einem Esslöf-

fel vom Teig Stücke abstechen und zu Kugeln formen. Auf das Backblech setzen.

5. Die Kugeln vorsichtig zu etwa 1/2 cm dicken Scheiben flach drücken, am besten mit einer Gabel einmal längst und einmal quer, sodass ein Karomuster entsteht.

6. Die Kekse im Backofen etwa 12-15 Minuten backen, bis die Ränder der Kekse hellbraun sind.

Tipp: Es gibt verschiedene Arten von braunem Zucker. In Naturkostläden bekommen Sie braunen Zuckerrübenzucker oder Vollrohrzucker. Probieren Sie aus, welcher Ihnen besser schmeckt. Beide sind mit Abstand gesünder als weißer, raffinierter Zucker.

Schokoplätzchen

Wer in einem amerikanischen Supermarkt einkauft und die Regale mit Kekstüten betrachtet, kommt zwangsläufig zu dem Schluss, dass dies die absoluten Lieblingskekse der Nation sind. Und obwohl sie von zig Herstellern angeboten werden, backt nahezu jede Hausfrau sie hin und wieder selbst, weil das natürlich am besten schmeckt – und weil es leicht und fix geht. Kein Wunder also, dass der hauswirtschaftlich interessierte Woodstock auch so etwas in seinem Iglu herstellt. Das ist wirklich kein Problem.
Das einzige Problem besteht darin, die noch heißen Kekse so schnell aufzuessen (oder an Spaziergänger zu verschenken), dass sie nicht von innen den Iglu schmelzen.

Chocolate-Chip-Cookies

280 g Zucker · 50 g Ahornsirup · 2 Eier
170 g Butter, weich · 400 g Mehl
1 TL Natron · 1 TL Salz · 250 g dunkle Schokolade, grob gehackt

1. Den Zucker und den Sirup gründlich miteinander verrühren.

2. Die Eier und die weiche Butter dazugeben. Alles kräftig vermischen.

3. Den Backofen auf 180 °C vorheizen. Das Mehl, das Natron und das Salz gut miteinander mischen und in den Teig mengen. Die Schokoladenstückchen hineinrühren.

4. Ein Backblech mit Backpapier auslegen. Vom Teig mit einem Esslöffel Stücke abstechen, zu Kugeln formen und auf das Backpapier setzen. (Keine Sorge, die Kekse bleiben nicht kugelig, sondern werden beim Backen schön platt.)

5. Die Kekse im Backofen etwa 10 Minuten backen. Auf dem Blech abkühlen lassen.

Fudgebonbons

Früher, in gemütlicheren Zeiten, bekamen Kinder, die zu Halloween Schabernack treibend von Tür zu Tür gingen - nein, leider auch keine Fahrräder - sondern Kekse und zahnfeindliche Bonbons. Ich finde es interessant, dass mit modernem Gesundheitsbewusstsein inzwischen offenbar die Zahnpasta mitgeliefert wird, um das Schlimmste zu verhüten.
Man muss sich Bonbons aber nicht schenken lassen, sondern kann sie auch selber machen.
Ich weiß nicht, ob deutsche Kinder so häufig selbst Bonbons kochen wie amerikanische. Ich kann mich aus meiner eigenen Kindheit jedenfalls kaum daran erinnern. Doch, ganz ab und zu fertigten wir in der Pfanne etwas an, das in Hamburg »Kiensche« genannt wird. Dieses Wort ähnelt dem Geräusch, das entsteht, wenn sich die Plombe zögernd aus dem Milchzahn löst.
So ähnlich hört sich ja auch »Fudge« an.

Fudge-Caramels

80 g Nüsse, am besten Macadamia, gehackt
200 g Zucker · 160 g Zuckerrübensirup
80 g Butter · 125 g Sahne

1. Eine Kastenform mit Backpapier auslegen. Die gehackten Nüsse auf dem Boden der Kastenform verteilen.
2. Den Zucker, den Sirup und die Butter mit der Hälfte der Sahne vermischen und in eine Bratpfanne geben.
3. Unter ständigem Rühren bei schwacher bis mittlerer Hitze alles schmelzen. Nach und nach den Rest der Sahne dazugeben.
4. Weiterrühren, bis die Masse eindickt. Ein Tröpfchen der Bonbonmasse sollte, wenn es in

kaltes Wasser getropft wird, sofort ganz hart werden.
5. Die Bonbonmasse über die Nüsse in der Kuchenform gießen und fest werden lassen. Dann mit einem langen Messer in Stücke schneiden.

Rezeptverzeichnis

ES IST SO WEIT! ESSENSZEIT!
KANNST DU DAS FASSEN? WIEDER EIN TAG VORBEI UND WIEDER ZEIT ZUM ABENDESSEN!
ICH WEISS NICHT, WO DIE ZEIT BLEIBT... DU STEHST MORGENS AUF, DU GEHST ABENDS ZU BETT UND WIEDER IST EIN TAG RUM...
© 1996 United Feature Syndicate, Inc.
EINES TAGES MUSS ICH MIR EINEN EIGENEN DOSENÖFFNER KAUFEN...
SCHULZ PIB Copenhagen 12-17

"UND DER REGEN STRÖMTE VIERZIG TAGE UND VIERZIG NÄCHTE LANG AUF DIE ERDE"
NICHT ZU FASSEN..
WER IST RAUSGE-GANGEN UND HAT DEN FUTTERNAPF GEHOLT?
7-28
© 1999 United Feature Syndicate, Inc.
7026
www.pib.dk

DER MANN IN DEM LADEN FAND ES SEHR KOMISCH, DASS DU SO EINEN HOHEN VERSCHLEISS AN FUTTERNÄPFEN HAST..
SEIN HUND HABE SEINEN NAPF SCHON SEIN LEBEN LANG
WAHRSCHEINLICH LECKT ER DEN NAPF NIE AUS...
SCHULZ
9-24

Dagmar Seifert wurde an der Ostsee geboren und lebte lange in Hamburg. Sie arbeitete als Redakteurin und freie Journalistin, schrieb Kolumnen, Rundfunk-Features, Märchen und Gruselgeschichten. Im Langen Müller Verlag erschienen ihre erfolgreichen Romane »Die rosa Hälfte des Himmels« und »Ein silbergrüner Wasserfall«. Sie lebt und arbeitet in Schleswig-Holstein. Dagmar Seifert liebt seit jeher die Peanuts und hat ihren Sohn mit zweitem Namen »Linus« genannt, dem Kerlchen mit der Schmusedecke zu Ehren. Mit Charlie Brown und seinen Freunden teilt sie die Liebe zu gutem Essen und zum Kochen.